JN098659

債権法改正
企業対応の
総点検

株式会社ワールド・ヒューマン・リソーシス ——編著

主席研究員 **平本 正則**／主席研究員・弁護士 **住吉 健一**

The Civil Code(Law of Obligations)Reform

中央経済社

は し が き

　2020年4月1日施行の「民法の一部を改正する法律」（平成29年法律第44号。以下「新民法」という）は，民法制定以降およそ120年ぶりの抜本的な改正であり，実務にも大きな影響を与える内容である。

　本書では，新民法が企業実務に与える影響を総点検できるように，重点項目ごとに15の章に整理し，それぞれに新民法のポイントや改正の背景，企業実務上の留意点をコンパクトに解説している。新民法に向けた準備に活用していただければ幸いである。

　なお，本書の執筆にあたっては，香川大学辻上佳輝准教授から，学術上の観点から貴重なご意見をいただくとともに，執筆者全員の論考について個別に加筆訂正の労を取っていただいた。格別の貢献に深く感謝する次第である。

　　令和2年1月

株式会社ワールド・ヒューマン・リソーシス
新民法実務研究会

主席研究員　**平本　正則**
弁護士　　　**住吉　健一**

目　　次

第1章

民法（債権法）改正と
契約プロセスの管理の重要性

1　はじめに

　企業が事業を行うにあたって，契約が非常に重要な役割を果たすのは言うまでもない。企業が消費者に商品を販売すれば売買契約を締結し，従業員を雇用すれば労働契約を締結し，店舗のため建物を借りれば賃貸借契約を締結する。契約締結行為をせずに事業を遂行することはほとんど不可能と言ってよい。

　契約に関して一般的なルールを定める法律が民法であり，今回，1896年に民法が成立して以来の大改正がなされた。

2　民法（債権法）改正の経緯とその概要

　まずは，民法（債権法）改正が，いかなる目的をもってどのような経緯を経て成立したかについて確認する。民法（債権法）改正は，2009年11月から法制審議会民法（債権関係）部会において検討が開始され，その後，2013年2月の「中間試案」，2014年8月の要綱仮案を経て，2015年2月に要綱案が決定された。同年3月には閣議決定がなされて国会に法案が提出され，2017年5月26日に成立し，同年6月2日に公布された。

　法務省によれば，この改正が行われた理由は次のとおりである。

---

① 民法の内容をわかりやすくすること
② 文言のあり方を変える
③ 社会経済状況の変化
④ 国際的取引ルールへの対応

　ここで注目したいのは，③と④である。1896年に民法が制定されて以来，社会・経済は大きく変化した。取引自体が複雑高度化したこと，取引に情報化の影響がみられることで，法の世界でもこれを認めざるを得なくなったのである。これらの影響は，例えば諾成的消費貸借（金融機関が企業に対し一定の期間・融資枠の範囲内で融資を行うコミットメントライン契約の広まり），電子取引・電子書面が法定されたことに見られる。さらには，2009年に日本でも発効したウィーン売買条約（国際物品売買契約に関する国際連合条約）との整合性も重要である。

　このような社会・経済情勢の変化の中で，大きくみると今般の改正には２つの方向が見られる。１つは，従来の判例や一般的な学説が一致している事柄に関しては，そのルールを明文化し，安定している実務を肯定することである。実務に定着している判例や解釈論が条文に全く現れていない状況では，基本的ルールが一見して明確ではなく，これを明文化する必要性が高い。

　例えば，従来，錯誤の効果に関しては，条文上は「無効」とされているものの，判例は，錯誤の相手方からの錯誤無効の主張を認めず，いわゆる「取消的無効」の扱いを承認していた。しかし，これは同じ「無効」の文言の中に「取消し」的な要素を盛り込むことであり，両制度の相対化につながってしまっていた。そこで，新民法は錯誤の効果を取消しとし（新民法95条），わかりやすいルールとした。

　もう１つの方向は，不合理な規定を改変したり，新たなルールを導入したり，従来の扱いを上書きしたりすることである。例えば，消滅時効に関して，いわゆる短期消滅時効の諸規定は，従来から様々な批判に晒されてきたものの，長らく維持されたままであった。他方で債権の一般時効期間10年の規定や不法行為の3年時効の規定も，様々な判例によって実質修正を受けながら運用された結果，安全配慮義務や起算点が問題になる場面で非常に複雑なルールが条文の背後に隠れている状況であった。新民法は，これを原則として「知った時から５年」に統一することで，短期消滅時効の不合理を是正し，統一的な解決を提示している（新民法166条１項１号）。

　とはいえ，新民法は，すべての分野においてその目的を達しているかというと，その評価は分かれるであろう。例えば，詐害行為取消権の効果に関して，

従来判例が前提としていたいわゆる相対的効果が条文上も認められた（新民法424条の6）。その一方で，新民法424条の7第2項は債務者に対する訴訟告知を定め，さらに新民法425条は詐害行為取消請求を認容する判決の効果が債務者にも及ぶことを定めた。これは実質的に詐害行為取消権をめぐって展開されてきた判例理論を上書きする新たな理論の導入であり，さらには価額弁償などをめぐって混乱をきたす可能性すらある。

このような状況では，改正に対する実務上の対応も一様ではあり得ない。

契約に関する一般的ルールの改正が実務に与える影響は大きく，本書でもそれぞれのトピックごとに改正が実務に与える影響を分析している。

次項では，第2章以降で取り扱う民法（債権法）改正の具体的テーマをいわば横軸とすれば，縦軸として，契約が成立してから終了するまでのプロセスに沿って，契約を担当する実務担当者が，どのような点に留意して契約行為を行うべきか，検討したい。

契約のプロセスを分析し，その中で実務担当者が特に注意すべき点は何かというところを主眼に置いたので，民法改正が少し脇に置かれたものとなっているが，契約プロセスの管理全体をここで整理しておくことは，今後各章で取り上げたそれぞれのトピックを検討する上でも有益であると考えている。

3 契約プロセスの管理の重要性

企業が契約を締結するにあたり，そのリスクを適切にコントロールするためには契約の内容である契約書を吟味することも重要であるが，それ以上に，契約の成立から履行の完了に至るまでのプロセスを適切に管理する必要がある。

現実では，契約書のひな型を作成したり，契約書の内容を審査したりするのは法務部や総務部が担当し，同部署には法的素養のある人材が配置されているが，これらの担当者が常に契約の交渉過程や契約成立後の状況をモニタリングしているわけではなく，営業の担当から問題が生じたときに都度報告を受けて対応しているような状況が散見される。そして，顧問弁護士は，交渉が暗礁に乗り上げてから，事案が持ち込まれることが少なくない。

しかし，実際の紛争は，現場で起きている。このような方法では対応が後手に回らざるを得ない。

仮設の事案を想定しながら，実務担当者の留意点を検討したい。

4　交渉過程から契約成立まで

(1)　契約成立時点の確定

契約交渉過程で，実務担当者が最も重要視しなければならない点は，いつ契約が成立したかである。契約が成立すれば，当事者は当該契約に拘束され，安易に契約の拘束力から逃れることはできない。この点をケースで検討する。

【CASE】

　A社が新規店舗のオープンを計画し，B社に店舗の内装工事の打診をしたとしよう。A社としては，他社に先駆けて同地域に新規店舗を出店したかったので，B社に急いで内装工事に入って欲しいと打診をした。B社としては，A社が要求する仕様の資材を調達できるか不安であったが，とりあえずA社に前向きに検討すると回答した。この場合，A社は安心して，他の業者への打診を取り止め，B社からの返答を待つだけでよいであろうか。

B社が，従来の取引において，A社からの打診に迅速に応えていたとしても，A社は安心することはできない。B社は前向きに検討すると回答したのみで，契約をするかしないか原則として自由に決めることができる。もし，B社からA社の要望に応えられず，今回は契約できないと回答があった場合，そこからA社が他の業者に打診をしても，A社が当初予定していた時期に新規店舗をオープンできなくなる可能性が十分にある。

A社として安心なのは契約を締結してB社を拘束することであるから，新規店舗をオープンさせるという事情を説明し，B社を説得して早期に契約を締結するよう促す方策が考えられる。これにB社は応じてよいか。B社としては，A社が他の業者にも打診し，他の業者に仕事を取られることを恐れ，A社が要求する仕様の資材が調達できるかどうか不明のまま，A社と契約を締結するこ

とも考えられる。しかし，契約を締結した以上，Ｂ社は，期日までに内装工事を完成させる法的義務を負い，Ａ社が要求する仕様の資材が調達できず，内装工事が期日に完成できなければ，今度はＢ社が債務不履行責任を負うリスクに晒される。

　もちろん，Ｂ社として，Ａ社が要求する仕様の資材を調達することが重要と考え，Ａ社と契約を締結する前に，当該資材を確保するため，Ｃ社と売買契約を締結することを優先するということも考えられる。Ｂ社は，Ｃ社と売買契約を締結した後であれば，安心してＡ社の契約を請け負うことができるが，今度は，Ａ社が他に安くて早い業者が見つかったとして，Ｂ社とは契約しないと態度を翻すリスクが出てくる。もし，Ａ社が契約しないと言い出し，これが法的にも認められるのであれば，Ｂ社は不要な建築資材をＣ社から購入し，在庫を抱えるリスクを冒すことになる。

　上記は，非常に単純な具体例であるが，それでも，いつ契約を成立させるのかで，それぞれの契約当事者が負うリスクが目まぐるしく変わるのがわかると思う。望ましいのは，Ａ社，Ｂ社，Ｃ社が同時に契約をすることであるが，これを可能とするためには繊細な交渉が必要である。しかも，現実には，もっと多くの不確定要素が一度に登場することが普通であり，契約を締結するか否か，するとしていつ契約を締結するかでこれをコントロールする必要がある。

　この点，新民法521条は，「何人も，…契約をするかどうかを自由に決定することができる」とし，契約締結の自由について明文規定を置いている。従前から認められていた原則であり，民法が改正されたことにより実務に影響を与えるものではないが，契約を締結するのかしないのか，するとしてどのタイミングで契約締結をするのかは，リスクコントロールの観点から極めて重要である。

(2)　申込みと承諾

　前記(1)では，契約を締結するタイミングが重要であることを述べた。契約書を作成するのであれば，いつ契約を締結したのかは，契約書を作成した時点であり，基本的に明瞭である。

　しかしながら，実際には，契約書を作成しない契約締結行為は頻繁になされ

ている。契約書を逐一作成していれば，その分コストが上昇するし，迅速性にも欠けるからである。

　例えば，実務では，注文書と注文請書のやりとりで契約を成立させることがよく見受けられるが，このような場合，注文書の送付という契約の申込みと，注文請書の発行という承諾の意思表示で契約が成立する。

　新民法522条は，「契約は，契約の内容を示してその締結を申し入れる意思表示（以下「申込み」という。）に対して相手方が承諾をしたときに成立する」という規定を置いた。従前，この点について明文規定はなかったが，当事者の意思表示の合致により契約が成立することは自明であり，改正民法はこの原則を明記したものであって，これにより特にこれまでの実務が変更を受けることはない。

　しかしながら，実務では，担当者は，自身の行為が契約の申込みにあたるのか，承諾にあたるのか，あるいは，そのいずれでもないのか十分に意識しないまま契約交渉行為を行い，これによりトラブルが生じている事象が散見される。

　しかも，この契約の申込みと承諾に関しては，今回の民法改正により規定が整理され，また，実質的に従来とは異なる取扱いとされた部分があり，特に注意を要する。その改正内容については，**第2章**で詳しく述べているので，そこに譲るとして，ここでは，契約実務担当者が契約の申込みと承諾について実務上留意すべき点について述べる。

①　申込みについては原則一定期間撤回ができないこと

　まず，重要な点は，契約の申込みと捉えられる意思表示については，その意思表示を受けた者が承諾をすべき期間が定められた場合はその期間，期間が定められなければ相当の期間の間は，原則として撤回することができない（新民法523条1項，同525条1項。ただし，対話者の場合は，525条2項，3項に従う）。

　これは，契約の申込みをした当事者は，契約の締結には至っていないものの，自身がなした契約の申込みに一定期間拘束されることを意味する。そして，契約の申込みを受けた当事者は，その申込みについて，承諾するか拒否するか，選択権をもつことを意味する。

　例えば，前記(1)【CASE】で述べた事例において，A社はB社に内装工事の

契約の申込みをした後に，B社が承諾するか否か不安であることを理由として，D社やE社に対し，同様に契約の申込みをしてはならない。B社がA社の契約の申込みを承諾し，それと前後してD社も同様に承諾をすれば，両方の契約が成立し，A社は二重に契約を締結するリスクを負う。

この場合，A社として，B社に契約の申込みをしたのであれば，D社，E社には，内装工事が可能か否かの打診に留め，正式な契約の申込みをしてはいけない。あるいは，契約の申込みをする場合，A社としては「撤回をする権利を留保」して申込みを行い，いずれかから契約の申込みがあれば，他の業者に対しては，直ちに申込みを撤回し，その拘束力から解放される手段を講じておかなければならない。

この申込みの撤回をする権利の留保については，従前明文規定はなかったが，民法改正で明文化された（新民法523条1項但書）。改正以前でもこのような撤回をする権利の留保は可能である。

② 申込みの意思表示の内容と自身の立場の認識

契約の申込みを行った側からすれば，原則として，一定の期間は申込みの撤回をすることはできず，その申込みを受けた相手方が承諾をするか否かにより契約が成立するか否かが決まる。これに対し，契約の申込みを受けた当事者は，契約を締結するか否か選択権を持つので，一般にはこの立場の方が有利である。

例えば，前記(1)【CASE】の事例で，「もし，A社が契約しないと言い出し，これが法的にも認められるのであれば，B社は不要な建築資材をC社から購入し，在庫を抱えるリスクを冒すことになる」と記載したが，A社がB社に内装工事の請負契約の申込みを行ったのであれば，A社は安易に契約の申込みを撤回できず，態度を翻すことはできない。

ところが，実際は，A社が常に申込者の立場に立つとは限らない。現実の交渉は，一方が提案をし，それに他方が修正をし，またその修正について意見を述べるなどして進んでいく。確かに，もともとはA社がB社に内装工事の打診をしたかもしれないが，A社の当初案ではB社では請けられないとし，B社がA社の目的を達成できる別の案を提示して，A社に打診をしている可能性もある。B社の提示した内容によっては，B社が申込者の立場に立ち，A社は承諾

をするか否かの選択権を持つことになる。この場合，B社がC社から資材を確保できたとして契約をしたいとA社に持ちかけても，A社は他に業者が見つかったので契約締結を拒否することは可能である。

このように，契約交渉においては，申込者の立場と承諾者の立場が目まぐるしく変わるのが通常であり，自身がどちらの立場に立つのか明確に意識して交渉を行い，これを文書として明示しておかなければ，後から不測の損害を被ることになりかねない。

この点，新民法522条は，「契約の内容を示してその締結を申し入れる意思表示」を「申込み」と定義しており，単に打診をするだけでなく，相手方当事者が承諾をすれば契約として成立する程度に成熟した内容を相手方に提示する必要がある。

したがって，契約交渉にあたっては，当事者自身が提案する内容または相手方から提案を受けた内容が，契約として成立する程成熟した内容か否か，検討を行う必要がある。そうでなければ，単なる打診に留まり，契約の申込みとは言えない。そして，契約として成立する程成熟した内容にまで至っているのであれば，どちらが申込者の立場に立ち，どちらが承諾者の立場に立つのかを明確に意識し，これを文書で明示するのが望ましい。

前記(1)【CASE】で述べた新規店舗オープンの内装工事の事例でいえば，次のような手当をして，交渉をすることが考えられる。

まず，A社としては，B社が業務を請け負えるかは，B社が資材を調達できるかどうかが障害になっていることを聞き取り，B社がその調査に要する時間と新規店舗オープンのスケジュールを勘案して，期間を定めた正式な申込書を交付する。これにより，B社は，その期間内に資材が調達できるかを見極め，C社と契約を締結することができれば，B社はA社に承諾書を送付することにより契約を成立させることができ，A社はこれを拒むことはできないから，B社はA社が態度を翻し不要な在庫を抱えるリスクを回避できる。一方，A社は，B社が資材を調達できず業務を請け負えない可能性があるから，万一B社が業務を請け負えないとの回答をしたときに備え，別のD社，E社に打診を行って，万一の場合の準備をしておく。D社，E社に対しては，正式な契約申込みではないことを明らかにした書面で打診を行うか，あるいは，契約の申込みとする

場合でも，申込みの撤回の留保を付して申込みを行う。

　他にも方策は色々あると思うが，上記のような措置をとっておけば，契約各当事者のそれぞれのリスクを低減させながら交渉が可能となる。

(3)　意思表示の効力発生時期

　申込みと承諾はいずれも意思表示であり，その効力発生時期が問題となる。従前は，申込みについては，意思表示が到達した時点で効力が発生する到達主義が採用され，承諾については意思表示を発信した時点で効力が発生する発信主義が採用されていた。しかし，民法改正により，発信主義を定めていた旧民法526条1項が削除されたので，承諾についても意思表示の効力が生じるためには到達が必要となった。

　店舗の新規オープンの事例に即していえば，B社は承諾の意思表示を発信しただけでは足りず，この意思表示がA社に到達してはじめて契約が成立したことになる。民法改正により実質的にルールが変更された点であり，注意を要する。

5　契約成立後

(1)　契約のモニタリング

　契約が成立した後は，契約に従って取引が進んでいるか随時モニタリングする必要がある。特に，請負契約や賃貸借契約では，相当な期間にわたって契約が存続するため，契約書で記載されたルールに則って契約を運用する必要がある。例えば，請負契約の場合，注文者からの追加指示によって，当初の請負契約で定められていた以上の追加工事が必要となることはあるであろうし，賃貸借契約の場合，借主が，賃貸目的物について，内装を変更したり造作を取り付けたいという要望を出したりする場合がある。これらについて，契約書の中で，一定のルール，例えば，1週間前に通知をするとか，書面で承諾をするといったことが記載されているのが一般的である。

　また，一回的契約，例えば売買契約についても，売買目的物の検収方法であるとか，代金の支払い方法などについて定めがなされている。

　契約当事者間の信頼関係が保たれている間は，契約書に記載された手続等に反する行為がなされたとしても，それによって特に不具合が生じない場合には特段問題としないということもあり得る。しかし，契約書の内容と異なる実務運用を訂正することなく放置したまま契約当事者間の関係が破綻した場合，契約書の文言に関わらず，口頭の承諾で認めてもらっていた等の主張が生じる可能性がある。契約書に記載をしたならば，そのとおりの運用を心がけるべきである。

(2) 紛争が生じた場合の軌道修正

　契約当事者間で何らかの問題が生じたとしても，これが直ちに契約当事者間の関係の破綻を招き，法的紛争として裁判で争われるということはなく，当事者間で協議を行い，契約を維持し，当初の目的を達成すべく努力が続けられるのが一般的である。

　例えば，売買契約を締結した後，買主の経営状態が悪化し，買主が売主に対して，約定の期日にその代金を支払わなかったが，売主は，買主と協議し，毎月5万円ずつ分割弁済で代金を支払うこととされた。この場合，1回でも5万円の支払いが滞ったときに，残債全部の支払いを求めることができるかというと，民法137条では，破産手続開始決定を受けたとき等一定の場合しか期限の利益は喪失しない旨が定められており，単に分割弁済を怠っただけでは期限の利益を喪失させることはできない（これは改正前後で内容は全く変わらない）。

　契約実務担当者としては，何らかの問題が生じて調整が必要となったとして協議により新たな合意を形成する場合，当初契約の内容が変更されるのであるから，当初契約を締結するのと同じかそれ以上の注意をもって，軌道修正の交渉を管理する必要がある（先の事例では，どういう場合に期限の利益を喪失するかの条項の挿入が必要不可欠である）。

(3)　債務不履行と契約解除

　何らかの原因により契約の履行がなされず，修復も不可能であった場合，契約を解除し，損害賠償の請求などにより被った損害の回復を図ることを検討しなければならない。

　債務不履行と契約解除については，民法改正により，規定の整備や実質的なルールの修正が多数なされており，それぞれ第5章「債務不履行」や第6章「契約の解除」などで改正点を整理しているので参照されたい。

　契約実務担当者としては，①契約を維持する努力を継続するメリットと契約を解消し自社を法的拘束力から解放することのメリットを勘案し，経済的合理性の観点から，契約解除をどの時点で行うか検討することと，②契約解除を決断するとして，それが法的に可能であるか，という2つの側面から決断を迫られることになる。

　まず，契約を解消するか否かの経済的合理性の判断においては，法的に自社が被った損害の賠償は請求できるものの，本来，契約が当初の目的を達成したときに得られるであろうすべての効用を確保することは法的には難しいという点を考慮する必要がある。例えば，先に述べた店舗の新規オープンの場合，競合者に先駆けて同地域に店舗を新規展開する目的は，同地域における自社のブランドを確立したり，顧客誘引力を高めたりする狙いがあると思われるが，契約を解除した場合，損害賠償によって自社の被った金銭的な損害を仮に回復できても，ブランド価値の向上や顧客誘引力の強化までを契約解除によって達成することは難しい。契約を維持できるのであれば，そうした方がよいことが多い。

　しかし，いたずらに契約を引き伸ばし，被害が拡大することになっては逆効果である。その場合，契約解除の決断をしなければならないが，法的に契約解除をすることができるのか，検討をする必要がある。

　契約解除については，新民法541条が，催告による解除を規定し，同542条において，無催告解除を規定している。催告による解除（新民法541条）は，但書において，「債務の不履行がその契約及び取引上の社会通念に照らして軽微であるときは，この限りでない」と規定し，一定限度解除権を制限している。改

正前は，同様の条文は規定されていなかったが，従前判例では，契約をなした主たる目的の達成に必須でない付随的義務の履行を怠ったに過ぎないような場合には，特段の事情の存しない限り，契約解除ができないとしており（最判昭36年11月21日民集15巻10号2507頁），改正によって内容が大きく変更されたというものではないが，どのような場合が「社会通念に照らして軽微」なのかは，一義的に導けるものではなく，契約書作成段階で，できる限りこれを明らかにしておくのが望ましい。

　以上，契約の成立から終了まで，プロセスとして契約を管理することの重要性を概観した。ややもすれば，契約書でいかなる内容の条項を規定するかにばかり目が行きがちであるが，ビジネスは常に動いており，これに即応して契約行為を管理することも契約内容以上に重要である。

6　本書の構成と民法（債権法）改正のポイント

　以下では，本書で主に取り上げる分野と改正の眼目を確認しておきたい。

　今般の改正では，従来は可視化されていなかった契約基礎理論的な項目（代表例は新民法521条であろう）が明文化されている。そこで，本書では，それらを束ねて6つの項目で検討している。

　先述の521条，諾成原則を定めた522条2項，契約成立時期に関する522条1項，隔地者間の契約に関する97条の到達擬制，承諾の撤回に関する523，525条など，いくつかの項目では契約の成立そのものに関するルール改変が見られる。それらは**第2章**で検討される。新たに設けられた定型約款の規律については**第3章**が解説している。特に定型約款への組入要件は実務上大きな影響をもたらすと思われる。

　債権譲渡・債務引受等に関する改正も，実務上大きなものがある。特に，当事者の意思による譲渡禁止についての原則が変更されたこと，その例外としての預貯金債権が明示されたこと，将来債権譲渡の規定の創設，異議を留めない承諾の制度の廃止，併存的債務引受，免責的債務引受の明文化など，改正点は非常に多い。**第4章**は，これらの点を扱っている。

　解除や保証に深く関わる債務不履行法制に関しても，重要な変更点がある。理論的にはさほど大きな影響はないが，原始的不能の場合の責任を明文化したこと，履行遅滞に陥る時期の明文化，社会的不能（事実的不能）概念の明示，受領遅滞中の危険に関する条文の創設等は，実務的には契約書の再調整を迫られる事柄であろう。これに関しては**第5章**が扱う。

　契約不適合責任（新民法では従前用いられていた「瑕疵」ではなく「契約内容に適合しない」という文言を用いているので，本書では「契約不適合責任」と呼ぶことにする）の効果として解除は存続することになったが，法定解除そのものについても非常に重要な改正がなされている。従来解除の主たる役割は「双務契約からの解放」と並んで「債務不履行に陥った債務者へのサンクション」という側面が強調され，債務者の帰責事由がなければ解除はできない，とされていたが，新民法はこれを改めて，債務者の帰責事由を不要とした。そのかわり，軽微な債務不履行では解除権が発生しないという，契約の解消という大きな効果をもたらす解除権への新たな歯止めも導入している。さらには，無催告解除ができる要件を明確化している。このような大きな改正に対して実務がなすべき対応については**第6章**で扱われる。

　消滅時効についても大きな改正がなされた。特に，起算点に関する改正や，時効期間の変更は，実務にも大きな影響を及ぼす。詳細については上述したとおりであるが，これに関しては**第7章**が扱う。

　第8章および**第9章**では，動産売買，不動産売買が検討される。ここでは主に契約不適合責任が問題となる。従来の瑕疵担保責任の法制は，控えめに言っても混迷を極めている状況であった。

　旧民法570条は，非常にシンプルな要件効果を提示していたものの，その解釈をめぐってはいわゆる法定責任説，債務不履行責任説の対立があり，その立場によって適用要件が変わってしまう，という状況であった。さらに判例は，明確な根拠なく「履行として認容」されたか否かによって不完全履行と瑕疵担保を分ける，という基準を示していた。このように至極わかりにくい要件論に加えて，その効果も，損害賠償と解除のみが法定され，追完のような「買主が本当にやりたいこと」が規定されていない状況にあった。さらには，瑕疵担保と追奪担保の棲み分けも究極的には曖昧であった。このような状況を根本から

変えるのが今般の改正である。学理的にも様々な問題を誘発するが，本書では新法制に関する詳細な検討を行っている。なかでも，新たな効果として追完請求等が導入されたことが注目される。

　不動産売買と並んで実務上頻繁に接するのは不動産賃貸借であろう。賃貸借に関する改正は非常に多岐に及ぶが，内容的には大きな改変点は少ない。その中では，新民法605条および605条の2が，不動産賃貸借の対抗力に関する明文を設けるとともに，賃貸人たる地位の移転についての一般規定を設けたことが注目される。その他，敷金の規律が新たに設けられたこと，「通常損耗」概念を導入して賃借人の原状回復義務を明示したこと，賃貸借契約終了時の賃借人の収去義務の明文化など，契約書の再調整も必要となりそうな改正が多くなされている。このような諸点については，**第10章**で仔細に検討している。

　売買契約と並んで重要な契約類型である消費貸借に関しても，重要な改正がなされている。特に，諾成的消費貸借の承認，借主の解除権の創設は，金融実務に大きな影響を与えるであろう。これに関しては**第11章**が扱う。消費貸借契約に伴って常に問題になり得るのが，保証と時効の管理である。保証制度は，要式契約化などを導入した平成16年大改正後にもいわゆる保証トラブルは止まず，さらなる厳格化が叫ばれていた。新民法は，貸金等根保証契約の「個人根保証契約」への改編，事業債務についての特則の創設，情報提供義務の創設などでこれに応えている。この点に関しては**第12章**で検討される。今回の改正は，消費貸借以外の保証人，特に不動産賃借人の保証の場面を強く意識したものでもある。

　この文脈で述べておかねばならないのは，法定利率に関するルールの改正である。この分野こそ，社会の実態にそぐわなくなっていた（「公定歩合」の概念は使われなくなったが，かつての公定歩合にあたるものは現在0.03％程度であるのに，法定利率は5％となっていた）旧規定を，立法事実に即して改正した代表的改正である。これに関しては，**第11章**が解説する。

　売買契約，消費貸借契約以外にも，実務が対処せねばならない契約類型は多くある。本書では，それらのうち，工事請負契約とシステム開発契約を取り上げて，必要な実務対応を解説している。

　第13章で扱う工事請負契約についても，いくつかの重要な改正点がある。

特に注目されるのは，請負人の担保責任の法的性質の変更（新民法562条以下）
や，いわゆる請負の一部解除を認める新民法634条の規定が注目される。特に
後者は，いくつかの判例で認められてきたとはいえ，請負契約において最も重
視されてきた「完成」概念に変更を迫るものであり，理論的重要度も大きい。
その他にも，請負契約の解除，注文者の破産による解除，担保責任の存続期間
など，実務上留意しなければならない点が多くある。

　システム開発委託契約は，以上の諸類型の応用的な側面が強い。請負契約の
一種であることが多いシステム開発委託契約であるが（この点では，成果物あ
る委任の概念が導入された委任契約，準委任契約と，請負契約の区別も問題と
なる），システム開発契約に固有の契約不適合の問題もあり，システムにバグ
が生じた場合の責任など，いくつかの固有の問題がある。そこで，**第14章**では，
これらの諸問題が取り上げられて検討されている。

　不動産に関する改正は，登記実務に影響を及ぼすことはもちろんである。債
権者代位権の転用が明文化されたこと，保証制度の細分化，弁済による代位に
ついての旧民法501条1項1号の削除，買戻し関連での不動産登記法の改正な
ど，実に様々な変更点があるが，それらについて実務的観点から**第15章**で検
討している。

　さらには，実務上重要な問題を孕む新民法と施行期日の関係は次項で検討さ
れる。契約に自動更新条項などが付いている場合など，実務上問題となる事象
はこの分野でも多いだろう。

7　民法改正と施行日・経過措置について

　民法（債権法）改正の具体的な内容に入る前にその施行や経過措置について
確認する。なぜなら，民法（債権法）改正の施行および経過措置に関する理解
は，改正法の適用の有無を判断するのに不可欠であり，実務上極めて重要だか
らである。

(1) 民法（債権法）の施行について

　新民法の施行日は，2020年4月1日である。新民法は，施行日前になされた意思表示および法律行為，施行日前に発生した債権債務ならびに施行日前に完成した時効等に関して，適用されないのが原則である。ただし，この原則については次の2つの例外がある。

① 定型約款の適用の反対の意思表示

　新民法の定型約款に関する規定は，新民法の施行日前に締結された定型取引についても適用されるが，施行日前に当事者の一方が反対の意思表示をした場合は，適用されない（新民法附則（以下「附則」という）33条2項，3項）。そして，当事者の一方による反対の意思表示に関する附則33条3項は，新民法の原則的な施行日に先立ち，2018年4月1日から施行されている（附則1条2項，施行令）。つまり，2018年4月1日から2020年3月31日の間に附則33条3項の反対の意思表示がなされる必要がある。

② 個人保証における公証人による保証意思の確認手続

　新民法では，事業のために負担した貸金等債務等を主たる債務とする保証契約は一定の例外がある場合を除き，事前に保証人の意思確認の公正証書が作成されていなければ無効になる（新民法465条の6）。公正証書による保証意思の表示に関しては第12章3(3)で詳述される。この公正証書の作成に関する附則21条2項，3項は，新民法の原則的な施行日に先立ち，2020年3月1日から施行される（附則1条3号，施行令）。つまり，2020年3月1日から上記公正証書の作成が可能となる。

(2) 事例検討

　ここでは，事例に即して，新民法の適用の有無を検討する。

①　申込者の死亡等（新民法526条）

【事例1】

　契約の申込者は，2020年4月1日，友人である申込みの相手方に対して，相手方の所有する子犬1頭を10万円で買い取りたいとの申込みをメールで行った。同メールは即時に相手方に到達し，同日，相手方はその内容を了知した。

　ところが，申込者は，2020年4月2日，不慮の事故で死亡した。相手方は，申込者が死亡した日に当該事故のニュースをテレビで見て，申込者の死亡の事実を知った。

　相手方は，2020年4月3日，申込者のアドレスに対して，「子犬1頭を10万円で売ります。」とのメールを返信した。

　上記申込みおよび承諾の意思表示は有効か。

【解説1】

　新民法526条は，申込者が申込みの通知を発した後に死亡等した場合の同申込みの効力について規定している。そして，新民法同条には，時的要素ないし時的因子として，申込みの発信，申込者の死亡等および申込みの相手方による承諾通知の発信等の定めがあるところ，新民法同条の適用の有無を，同条のいかなる時的要素ないし時的因子と施行日との前後関係で判断すべきか問題となる。

　この点について，附則は，「施行日前に通知が発せられた契約の申込み」に関しては従前の例によると定めた（附則29条2項）。

　したがって，ⅰ）契約の申込みを発信→ⅱ）申込者が死亡（ⅰの後であれば時期を問わない）→ⅲ）同申込みの到達→ⅳ）申込みの相手方が死亡等を認識→ⅴ）申込みの相手方が承諾の通知を発信，という事例においては，ⅰ）契約申込みの発信の時期が2020年4月1日以降であれば，新民法526条が適用される。

　事例1では，申込みの発信が2020年4月1日になされているから，新民法526条が適用される。そして，相手方は，承諾の意思表示を発信する前（2020年4月2日）に，申込者が死亡した事実を知っていたから，申込みの意思表示

は効力を有しない。このため，同申込みを承諾する旨の意思表示も効力を有しない。

② 第三者のためにする契約（新民法537条）

> 【事例2】
>
>   債権者Aは，2020年4月1日，債務者Bとの間で，債権者Aが債務者Bから子猫1匹を10万円で買い，債務者Bは同子猫を設立中の株式会社C（第三者）に給付する債務を負うという契約を締結した。
>
>   株式会社Cは，2020年4月2日に設立登記をして成立し，翌日，債務者Bに対し，上記子猫の給付を受けるとの受益の意思表示を行った。
>
>   上記第三者のためにする契約は，新民法に基づき有効とされるのか。

【解説2】

  新民法537条2項は第三者のためにする契約成立時に同第三者が存在しない場合等でも同第三者のためにする契約は有効である旨を定め，新民法537条3項は第三者のためにする契約における第三者の権利は受益の意思表示を発信した時に発生する旨を定めている。

  そこで，新民法同条の適用の有無を判断するにあたり，いかなる時期に施行日が到来している必要があるのか問題となる。

  この点について，附則30条は，新民法を「施行日前に締結された第三者のためにする契約には，適用しない。」と定めた。

  したがって，ⅰ）第三者のためにする契約の締結→ⅱ）第三者の出現または特定→ⅲ）第三者による受益の意思表示，という事例においては，ⅰ）第三者のためにする契約が締結された時期が2020年4月1日以降であれば，新民法537条2項および同条3項が適用される。

  事例2では，第三者たる株式会社Cのためにする契約は2020年4月1日に締結されているから，新民法537条2項および3項が適用される。したがって，同条同各項により，2020年4月1日付けの設立中の株式会社Cのためにする契約が有効であり，株式会社Cが債務者Bから子猫1匹の給付を受ける権利は2020年4月3日に発生する。

③　法定利率（新民法404条）

【事例3】

　債権者は，2020年4月1日，友人である債務者に対して，返還時期を
2021年33年4月1日として100万円を貸し付けた。この際，債権者と債務
者は，利率を定めることなく，利息が発生する旨を合意していた。

　上記100万円の貸付金に関し生ずる利息債権の利率は，年5％（旧民法
404条）か，年3％（新民法404条）か。

【解説3】

　新民法404条は，法定利率を当初は年3％とし，3年ごとに利率を見直すと
定めた。ただし，適用される利率は，その利息が生じた最初の時点における法
定利率となる。法定利率に関する改正のポイントについては**第11章3**にて詳
述されているので参照されたい。

　このように法定利率について大きな改正がなされたため，いかなる時期を基
準に，新民法404条の適用の有無を判断すべきか問題となる。

　この点について，附則15条1項は，施行日前に利息が生じた場合におけるそ
の利息を生ずべき債権については，従前の例によると定め，新民法404条の適
用がないとしている。したがって，「利息が生じた」時点，すなわち金銭交付
時点が施行日より前か否かが基準となる。

　事例3では，債権者は債務者に対して，2020年4月1日に100万円を貸し付
けており，この時点で利息が生じているため（利息の支払時期の到来は別であ
る），新民法404条が適用され，法定利率は当初利率の3％である。

④　個人保証債務（新民法465条の6）

【事例4】

　株式会社Yの代表取締役Aは，2020年3月15日，B公証役場を訪れ，株
式会社YがX銀行から事業運転資金1,000万円を借り受けるに先立って，株
式会社Yの同貸金債務を主債務とする保証債務の履行意思確認の公正証書を
作成したい旨を公証人に伝えた。

なお，株式会社ＹとＸ銀行が1,000万円の金銭消費貸借契約を締結する予定時期は，2020年4月1日である。また，代表取締役ＡとＸ銀行が上記の保証契約を締結する予定時期も，2020年4月1日である。

代表取締役Ａによる上記の保証契約については，保証債務の履行意思確認の公正証書を作成する必要があるか。また，代表取締役Ａは，2020年3月15日時点で，上記の保証債務の履行意思確認の公正証書の作成を嘱託することが可能か。

【解説4】

新民法465条の6第1項および3項により，事業のために負担した貸金等債務を主債務とする保証契約は，事前に公正証書で，保証人となろうとする者が保証債務を履行する意思を表示していなければ効力を生じない。

そこで，いかなる時期に締結された保証契約につき新民法465条の6が適用されるのか，また，同条の適用があるとしてもいかなる時期から同条の定める公正証書の作成が可能なのかが問題となる。

この点について，附則21条1項は，施行日前に締結された保証契約にかかる保証債務については従前の例によると定めている。したがって，保証契約の締結日が施行日より前か否かが，新民法適用の有無を判断する基準となる。

また，附則1条3号により保証人の意思確認の公正証書が2020年3月1日より作成可能となっていることは本項(1)①で述べたとおりである。

事例4では，代表取締役ＡとＸ銀行の保証契約は，2020年4月1日に締結される予定であるから，新民法465条の6の適用がある。したがって，代表取締役Ａが株式会社Ｙの貸金債務の保証債務を履行する意思があることについては，公正証書を作成する必要がある。

また，代表取締役Ａの保証債務履行の意思確認の公正証書については，2020年3月15日時点で，作成することが可能である。

第2章

契約の成立と意思表示

　契約の管理プロセスは，契約締結に向けた交渉（申込みの意思表示と承諾の意思表示の応酬）→契約の締結→契約内容の履行とその確認という経過をたどる。このうち，契約締結に向けた申込みの意思表示と承諾の意思表示の応酬である交渉過程を経て契約の締結に至るプロセスを規律するのが，「契約の成立」に関する民法の規定である。

　契約の成立に関する重要な原則に「契約自由の原則」[1]がある。旧民法においては，明文の規定はなかったものの，解釈によって，「契約の自由」（契約締結の自由，相手方選択の自由，契約内容の決定の自由，契約方式の決定の自由）が認められてきた。新民法では，契約自由の原則が明文化された。その他にも，新民法では，契約の成立に関する様々な改正が行われており，実務担当者は，これらの改正を把握しておく必要がある。

　また，契約は当事者の合意，すなわち意思表示の合致により成立するのが原則である。契約の成立要件である「申込みの意思表示」および「承諾の意思表示」の合致に関連して，民法上の意思表示に関する規定にも注意する必要がある。民法はこの意思の不存在[2]および意思表示の瑕疵について規定しているが，これらに関しては，従来の判例・学説の解釈とは異なるルールの変更もあり，その内容を確認しておく必要がある。意思の不存在に関しては，心裡留保，虚偽表示および錯誤について，意思表示の瑕疵については，詐欺または強迫について規定されており，虚偽表示以外について改正の対象となった。

1　人は自由意思に基づき，契約規範を形成でき，国家はその実現を保証しなければならないという原則。
2　意思の不存在については「意思の欠缺」と呼ばれることもある。

　まず，意思表示に関する新民法の規定内容を，次いで契約の成立に関する重要な改正点を確認する。

実務上のポイント

・心裡留保による意思表示が無効となる要件である「相手方が表意者の真意を知」っていたことが，「相手方がその意思表示が表意者の真意ではないことを知」っていたことに変更された（新民法93条1項但書）。また，従来の判例・学説に沿って，第三者保護規定が明文化された（新民法93条2項）。
・錯誤の要件につき，要素の錯誤が定義され，表示の錯誤と動機の錯誤の両方が錯誤の対象となることが明文化された（新民法95条1項）。
　従来の判例に沿って，動機の錯誤の成立要件が明文化された（新民法95条2項）。
　表意者に重過失があった場合に錯誤の主張ができないことは維持した上で，重過失があった場合でも錯誤の主張ができる場合が明文化された（新民法95条3項）。
　錯誤の効果につき，無効から取消しに変更された（新民法95条1項）。
　従来裁判例でも判断が分かれていた第三者保護につき，善意無過失を要件とする第三者保護規定が新設された（新民法95条4項）。
・第三者による詐欺につき，取消しができる場合が，相手方がその事実を知っていた場合に加え，相手方がその事実を知ることができた場合が追加された（新民法96条2項）。
　第三者が保護される要件として，善意の他に無過失も必要とされた（新民法96条3項）。
・契約締結の自由，契約内容の決定の自由，契約方式の決定の自由が明文化された（新民法521条，522条2項）。
・契約の成立時期につき，申込みを「契約の内容を示してその締結を申し入れる意思表示」と定義した上で，申込みに対して相手方が承諾したときに契約が成立することを明文化した（新民法522条1項）。
・意思表示の効力発生時期につき到達主義を徹底するために，隔地者間における承諾の発信主義は廃止された（旧民法526条1項）。

・対話者間につき，申込みの効力に関する規定が新設された。

1　心裡留保

　心裡留保[3]による意思表示は，相手方の保護の観点から，原則として有効であり（新民法93条1項本文），これについては改正による変更はない。例外的に心裡留保による意思表示が無効となる要件つき，「相手方が表意者の真意を知り，又は知ることができたとき」から，「相手方がその意思表示が表意者の真意ではないことを知り，又は知ることができたとき」へとその表現が変更されている（新民法93条1項但書）。この変更は，あくまでも表現の変更であり，その意味する内容は，旧民法のものと新民法のもので変わるものではない。意思表示の相手方が単に真意ではないこと知っているか，または知ることができた時であれば，心裡留保による意思表示は無効となる。

　心裡留保による意思表示が無効となった場合の第三者の保護に関して規定が新設された（新民法93条2項）。意思表示の無効は，善意の第三者に対抗することができないのであり，これは旧民法の判例の立場[4]を明文化したものである。

2　錯　誤

⑴　要素の錯誤に関する改正点

　錯誤による意思表示については，その効果が，無効から取消しに変更された（新民法95条1項柱書）。これは，実質的な変更点である。

　取り消すことができる錯誤の内容としては，「その錯誤が法律行為の目的及び取引上の社会通念に照らして重要なものであるとき」と定義された（新民法95条1項柱書）。

3　心裡留保とは，表意者が，表示行為に対応する効果意思のないことを知りながら，相手方にそれを告げずに行う意思表示である。
4　最判昭44年11月14日民集23巻11号2023頁，大判昭12年8月10日法律新聞4181号9頁

　旧民法では，法律行為の要素に錯誤があった場合，無効となると規定されていた。新民法95条1項柱書に規定される錯誤の定義は，この要素の錯誤の内容を具体化したものであり，改正の前後で実質的な変更はない。

　また，錯誤が表意者の重過失による場合は原則として取消しができないことおよび重過失があっても取消しができる例外について明文規定が設けられた（新民法95条3項）。

(2)　動機の錯誤

　改正により，「意思表示に対応する意思を欠く錯誤」（表示の錯誤）と「表意者が法律行為の基礎とした事情についてのその認識が真実に反する錯誤」（動機の錯誤）のいずれもが取消しの対象となることが明文化された（新民法95条1項1号2号）。そして，動機の錯誤については，「その事情が法律行為の基礎とされていることが表示されていたときに限り」取り消すことができる（新民法95条2項）。

　表示の錯誤とは意思どおりの表示がなされていない場合であり，例えば，1ダースを5個と勘違いした状態で50個の卵を購入しようとして卵を10ダース注文してしまった場合である。

　これに対し，動機の錯誤は，意思どおりの表示はなされているが，その意思を作り上げる段階で思い違いがあった場合であり，例えば，有名画家作の絵画Aを100万円で注文したが，実際にはその絵画は贋作であった場合である。

　両者の違いは，表示の錯誤は50個の卵を購入するという意思で10ダース（120個）の卵を注文するという表示をしてしまっているのに対し，動機の錯誤は，絵画Aを100万円で購入するという意思で絵画Aを100万円で購入するという表示をしているが，その動機（有名画家の作であるという動機）に思い違いがあったという点にある。

　旧民法では，表示の錯誤が無効となることに争いがなかったが，動機の錯誤については，動機が内心の事情であることから，どのような要件で無効を認めるのかにつき学説において争いがあった。判例はこの点について「動機が表示され，意思表示または法律行為の内容となったとき」との要件を示していたが，

新民法では，これを明文化する趣旨で「その事情が法律行為の基礎とされていることが表示されていたときに限り」取り消すことができるとされた（新民法95条2項）。

上記の例では，絵画Aが有名画家の作であるという動機が絵画Aの購入の前提であることが相手方である売主に表示されていた場合，錯誤を理由として取り消すことができる。

(3)　第三者保護規定の新設

錯誤による意思表示が取り消された場合の第三者の保護に関し，新しく規定が置かれた（新民法95条4項）。錯誤取消しは，善意でかつ過失のない第三者に対抗することができない。

3　詐欺による意思表示

第三者による詐欺につき，取消しができる要件として，相手方がその事実を知っていた場合に加え，相手方がその事実を知ることができた場合が追加された（新民法96条2項）。取消しができる場合を拡大しており，表意者の救済範囲を拡大する実質的な改正である。

また，第三者が保護される要件として，善意の他に無過失も必要とされた（新民法96条3項）。

4　契約の成立に関する改正

(1)　契約自由の原則の明文化

近代民法においては，自らの意思で自らの生活関係を形成することが要請され，これを担保するために私的自治の原則[5]が認められている。そして，契約

5　個人が私的領域内の法律関係を自由に形成できるという原則。

の場面においては，私的自治の原則は「契約自由の原則」として機能する。契約自由の原則の主な内容は，契約締結の自由，相手方選択の自由，契約内容の自由，契約方式の自由である。

　これらは，旧民法においても解釈上認められていたが，改正により明文化された（契約締結の自由および相手方選択の自由は521条1項，契約内容の自由は521条2項，契約方式の自由は522条2項）。いずれについても，従前どおり法令による制限があることも明文化されている。

(2)　契約成立の方式

　契約の成立には，原則として書面の作成その他の方式を具備することを要しないことが明文化され，契約の成立には意思表示の合致さえあればよいとの諾成原則が規定された（新民法522条2項）。もっとも次のとおり，「法令に特別の定めがある場合」の例外がある。これら諾成主義の例外は以下のとおりである。

①　保証契約

　保証契約については，そのリスクの大きさから，より慎重な判断を求める趣旨で，書面により締結されなければ効力を生じない（新民法446条2項）。また，今回の改正により，個人が事業用の融資の保証人となる場合には，公証人による保証意思の確認，すなわち公正証書による保証契約の締結が必要となった（新民法465条の6）。もっとも，株式会社が主債務者である場合に代表取締役が保証をする場合など，主債務者の事業と関わりが深い者が保証をする場合には，公正証書の作成は免除されている（新民法465条の9）。公正証書による保証意思の表示に関しては第12章3(3)も参照されたい。

②　消費貸借契約

　消費貸借契約については，目的物の引渡しがあり借主がこれを受け取った場合にはじめて契約が成立する要物契約としての消費貸借契約と，合意により消費貸借契約を成立させることを意図している当事者が当該合意を書面でした場合の要式契約としての諾成的消費貸借契約が定められている（新民法587条，

587条の2)。この諾成的消費貸借契約については第11章1にて詳述している。

③ 改正により諾成契約化された契約

代物弁済は要物契約とされていたが，改正により諾成契約化された（新民法482条）。

(3) 契約の成立時期

契約の内容を示してその締結を申し入れる意思表示（申込み）に対して相手方が承諾したときに契約が成立する旨が明文化された（新民法522条1項）。申込みの意思表示とこれに対応する承諾の意思表示が合致することにより契約が成立することは旧民法下でも当然のこととされていたが，新民法においては，「申込み」について「契約の内容を示してその締結を申し入れる意思表示」と定義されたことが重要である。「契約の内容を示して」行った意思表示か否かにより，「申込み」と単なる「申込みの誘因」が区別される。

5 申込みの意思表示と承諾の意思表示に関する主な改正点

(1) 民法の規律範囲

民法は，申込みの意思表示とこれに対応する承諾の意思表示の合致，すなわち当事者の合意によって契約が成立することを前提としている。もっとも，交叉申込[6]および交渉型の契約成立[7]は，申込みと承諾の形式によらずに契約が成立することが認められている。これらの場合も当事者の合意によって契約が成立することには変わりはない。

民法はこれらの契約成立のパターンのうち，申込みと承諾について規律している。

6　2人の当事者において互いに同じ内容の申込みが行われた場合
7　申込みとこれに対する承諾という形式によらず契約当事者が契約締結に向けた交渉を重ねていく場合

　申込みと承諾に関するルールについて旧民法は，申込みを行う者と承諾を行う者との関係を，意思表示の発信から到達までの時間的な隔たりにより「対話者[8]」と「隔地者[9]」に区分して規定されていた。これに対し，新民法は，通信技術の発展により，意思表示の発信から到達までの時間的な隔たりにより区分する必要性が低下したことから，「隔地者」に関する規定は大きく変更された。

(2)　意思表示の到達主義

　新民法は，意思表示は，その通知が相手方に到達した時から効力を生ずるとする到達主義を採用しており（新民法97条1項），申込みと承諾のいずれについても到達主義が妥当する。すなわち，承諾の通知が申込者に到達した時点で契約が成立するのであり，これが原則となる。

　旧民法は，隔地者間の承諾については，申込みの相手方が承諾の通知を発信したときに契約が成立するという発信主義が採用されていたが（旧民法526条1項），改正により廃止された。

(3)　申込者の死亡等

　意思表示の一般原則として，表意者が通知を発した後に表意者の死亡，意思能力の喪失，行為能力の制限などの事情が発生した場合であっても，意思表示は効力を失わないが（新民法97条3項），申込みについてはこれに対する例外が定められている。すなわち，申込者が申込みの通知を発した後に死亡し，意思能力を有しない常況にある者となり，または行為能力の制限を受けた場合において，①申込者がその事実が生じたとすればその申込みは効力を有しない旨の意思を表示していたとき，または②その相手方が承諾の通知を発するまでにその事実が生じたことを知ったときは，その申込みは，その効力を有しない（新民法526条）。

8　意思表示の発信者と受領者が時間的に隔絶していない場所にいる場合の関係を対話者という。

9　意思表示の発信とその了知が隔絶される場合の関係を隔地者という。

②の場合に申込みが効力を有しないとされるのは，申込み発信後その意思表示が相手方に到達するまでの間だけでなく，申込み到達後相手方が承諾の通知を発信するまでの間に死亡等の事由が発生したことを相手方が知った場合も含まれる。

(4) 承諾期限の定めのある申込み

① 申込みの拘束力と撤回可能性

承諾の期間を定めてした申込みは，原則として撤回することができない（申込みの拘束力。新民法523条１項本文）。ただし，申込者が撤回をする権利を留保したときは，撤回が可能である（新民法523条１項但書）。旧民法は，申込みの拘束力については定めがあったものの，撤回可能性については条文上明らかではなかったため，改正によりこれが明文化された。

申込みの拘束力の趣旨は，承諾の期間は申込みを撤回されないという前提のもとに，申込みの相手方が承諾すべきかの判断のために調査や準備を行う際に損失を被ることを回避することにある。あらかじめ申込者が申込みの撤回可能性を留保している場合には，かかる相手方側の損失回避への手当は不要であるから，撤回可能性についての明文規定が置かれた。

② 承諾の延着

承諾の期間を定めてした申込みに対する承諾が申込みの期間内に申込者に到達しなかった場合は，申込みは効力を失う（新民法523条２項）。

旧民法は，承諾の通知が期間内に到達しなかった場合で，かつ，承諾者が通常の場合にはその期間内に到達すべき時に承諾の通知を発送しており，これを申込者が知り得た場合には，申込者は延着の通知を発しなければならない義務を定めていた。これは，承諾については到達主義ではなく発信主義が採用されていたことから，承諾の通知の延着の場合には申込者に一定の措置を義務付ける趣旨であった。しかし，改正により承諾についても到達主義が採用され，承諾の通知の延着についてのリスクは承諾者が負うべきものとされたことから，申込者の上記義務は廃止された。

⑸ 承諾期間の定めのない申込み

① 申込みの拘束力と撤回可能性

　承諾の期間を定めないでした申込みは，申込者が承諾の通知を受けるのに相当な期間を経過するまでは，撤回することができない（申込みの拘束力。新民法525条1項本文）。ただし，申込者が撤回をする権利を留保したときには撤回が可能であることは，承諾期間の定めのある申込みの場合と同様である（新民法525条1項但書）。また，対話者に対してした承諾の期間の定めのない申込みは，対話が継続している間は，いつでも撤回できる（新民法525条2項）。

② 承諾の通知を受けるのに相当な期間の経過後

　承諾の通知を受けるのに相当な期間の経過後は，申込みの拘束力は失われ，申込者はいつでも申込みを撤回できるようになる。しかし，申込みが実際に撤回されない限りは，申込みの効力は失われないため，申込みの撤回の通知が相手方に到達するまでに，承諾の通知が申込者に到達した場合は，契約は成立することになる。

③ 対話者間における申込みの効力

　対話者に対してした承諾の期間の定めのない申込みは，その申込みに対して対話が継続している間に申込者が承諾の通知を受け取らなかったときは，効力を失う（新民法525条3項本文）。これは，迅速な取引処理の要請から，対話者間で対話が継続している間に承諾を必要とする趣旨である。もっとも，申込者が対話の終了後もその申込みが効力を失わない旨を表示したときは，対話終了後も申込みは効力を失わない（新民法525条3項但書）。

第3章

定型約款

　現代社会の取引においては，大量の同種取引を迅速・効率的に行うために，あらかじめ詳細で画一的な取引条件等を定めた契約条項が用いられることがある。これらの契約条項は，一般的に「約款」と呼ばれ，広く企業の契約等で用いられている。

　「約款」を用いた取引の相手方は，「約款」に記載された個別の条項を認識していないことが通常である。当事者の合意を必要とする民法の大原則からすれば，当事者に合意のない「約款」に拘束力が認められるのかについては法律上明らかではない[1]。

　このように旧民法には「約款」に関する規定がないため，「約款」の効力については，解釈によって対応せざるを得ず，法的に不安定な側面を有していた。

　新民法では，「定型約款」についての規定が新設された。しかし，この規定は，「約款」の一般的な定義や準則を扱うものではなく[2]，範囲が限定された「定型約款」についての規律であることに注意を要する。

1　大判大正4年12月24日民録21輯2182頁は，約款によるという当事者の意思を推定することによって約款の拘束力を認めている。

2　潮見・改正法の概要225頁

実務上のポイント

・新民法における「定型約款」の定めは，約款の一般的な定義・準則を扱うものではない。
・事業者間における取引の多数は，新民法における「定型約款」には該当せず，その効力等は，従来の約款法理に従うことになる。
・新民法施行前の約款についても，「定型約款」に該当する場合は，新民法施行日前（2020年3月31日）までに書面または電磁的記録により，反対の意思表示を示さない限り，新民法の「定型約款」に関する規定の適用を受ける。
・「定型約款」に対しては，取引の相手方が実際に当該個別条項の内容を認識しているか否かにかかわらず合意をしたものとみなすという「定型約款」の特色から，不当条項規制の他に，不意打ち条項規制がある。

---

1 「定型約款」の定義

　新民法では，一定の要件を満たしたときには，定型約款の個別条項について，取引の相手方が実際に当該個別条項の内容を認識しているか否かにかかわらず合意をしたものとみなすとする，定型約款の「みなし合意」を明文で定めている。

　定型約款とは，「定型取引において，契約の内容とすることを目的としてその特定の者により準備された条項の総体」のことをいう（新民法548条の2第1項）。そして，定型取引とは，「ある特定の者が不特定多数の者を相手方として行う取引であって，その内容の全部又は一部が画一的であることがその双方にとって合理的なもの」のことである（新民法548条の2第1項）。

　したがって，新民法の定める定型約款に該当するか否かは，そこに規定されている条項の内容について，以下の4つの観点から判断をすることが必要である。

---

① 特定の者が不特定多数の者を相手方として行う取引についてのものであるか否か

②　取引の内容の全部または一部が画一的であることが当事者双方にとって合理的なものであるか否か

③　契約の内容とすることを目的として準備されたものであるか否か

④　取引の当事者の一方により準備されたものであるか否か

(1)　「特定の者が不特定多数の者を相手方として行う取引」について

この要件は，取引の相手方の個性に着目する取引については，定型約款の規律からは除外する趣旨である。なぜなら，取引の相手方の個性に着目する取引においては，契約内容を十分に吟味し，交渉するのが通常であり，契約において取引の相手方が個別の条項を認識することを期待できるため，通常の合意で足りるからである。

例えば，労働契約は，相手方の個性に着目して締結されるものであるため，労働契約において利用される契約書のひな型はこの要件を満たさないこととなる（法制審議会民法（債権関係）部会部会資料（以下，この章において「部会資料」という）86-2）。

(2)　「取引の内容の全部または一部が画一的であることが当事者双方にとって合理的か否か」について

新民法の定める定型約款に該当するためには，単に取引の内容が画一的であるだけでは足りず，画一的であることが当事者双方にとって合理的であることを要する。

そのため，単に当事者が交渉によって契約条項を修正することを予定していないだけでは足りない。この点は，従来の約款の概念と異なる。

そして，当事者双方にとって合理的といえるためには，多数の相手方に対して同一の内容で契約を締結することが通常であり（定型約款を準備した者側の合理性），かつ，相手方が交渉を行わず，一方当事者が準備した契約条項の総体をそのまま受け入れて契約の締結に至ることが取引通念に照らして客観的に合理的である（取引の相手方側の合理性）ことが必要である。

(3) 「契約の内容とすることを目的として準備されたものか否か」について

契約の内容とすることを目的とするとは，条項の総体をそのまま契約内容に組み入れることを目的とするという意味である。

例えば，準備された条項の総体が，交渉による変更の余地がある場合においては，契約のたたき台に過ぎず，契約の内容とする目的があるとはいえない。

(4) 「取引の当事者の一方により準備されたものか否か」について

当事者双方により準備されたものであれば，契約において，取引の相手方は個別の条項を認識することが期待できるため，通常の合意で足りるからである。

以上見てきたとおり，新民法における定型約款の定義においては，当事者双方にとって画一的な内容とすることが合理的であるという点が要求されており，一般的に約款と呼ばれている契約条項よりも狭い定義となっている。

例えば，生命保険約款，損害保険約款，旅行業約款，宿泊約款，運送約款，電気・ガスの供給約款，預金規定，コンピュータ・ソフトウェアの利用規約等は，定型約款に該当するが，一般的な事業者間取引で用いられる一方当事者の準備した契約書ひな型は，基本的に定型約款には該当しないと考えられる。なぜなら，事業者間で行われる取引は，①相手方の個性に着目した取引であることが少なくなく，②プロである事業者同士の取引において契約内容が画一的であることは取引の相手方事業者にとって合理的であるとはいえないからである。

もっとも，事業者間の取引であっても，定型約款に該当する場合はあり得る。例えば，一般に普及しているソフトウェアを購入する場合のソフトウェアの利用規約は，定型約款に該当すると考えられる。

契約書の改訂にあたっては，第1に現在の約款が新民法の定型約款に該当するか否かを検討する必要がある。先述のとおり，新民法における定型約款の定義は，従前の約款の概念よりも限定されているものであるため，定型約款に該当しない約款も相当程度存在することとなる。検討の結果，定型約款に該当す

る可能性がある場合には，新民法の規定に沿った改訂をする必要がある。定型約款には該当しない約款については，従前の判例・学説における約款法理に従うことになるため，それに沿った条項となっているか確認をしておくとよい。

2　定型約款の合意

(1)　みなし合意

　新民法は，定型取引の合意をした者が，①「定型約款を契約の内容とする旨の合意」をした場合（1号），または②「定型約款を準備した者があらかじめその定型約款を契約の内容とする旨を相手に表示していた」場合（2号）には，「定型約款の個別の条項についても合意をしたものとみなす」と規定している（新民法548条の2第1項）。

　①「定型約款を契約の内容とする旨の合意」とは，定型約款を契約に組み入れる合意をしたという意味である。

　また，②「定型約款を準備した者があらかじめその定型約款を契約の内容とする旨を相手に表示していた」場合に合意したものとみなされるのは，定型約款を準備した者があらかじめ定型約款を契約に組み入れる旨を表示したのに対して，相手方が異議をとどめずに定型取引の合意をしたという点に，定型約款を契約に組み入れるという黙示の合意があったといえると説明されている。そのため，「定型約款を契約の内容とする旨」は，相手方に個別に示す必要があり，定型約款を準備した者がインターネット等を利用して一般的に公表するだけでは不十分である。

　なお，鉄道・バス等による旅客運送取引など，定型約款を契約の内容とする旨を相手方に表示することが困難な取引で，その取引自体の公共性が高く，かつ，定型約款を利用する必要性が高いものについては，定型約款を準備する者があらかじめ公表していれば当事者がその定型約款の個別条項について合意したとみなす旨の規定が特別法で設けられている。

(2) 「みなし合意」の除外（不意打ち条項規制）

　もっとも，新民法は，定型約款の個別条項を認識していなくても合意があったものとみなされる相手方への不意打ちを防止する観点から，みなし合意の除外を定めている（新民法548条の2第2項）。

　具体的には，①相手方の権利を制限し，または相手方の義務を加重する条項であって，②その定型取引の態様およびその実情ならびに取引上の社会通念に照らして，③信義則に反して相手方の利益を一方的に害すると認められる条項については，合意をしなかったものとみなされる。

　なお，消費者契約法10条は，「消費者の権利を制限し又は消費者の義務を加重する消費者契約の条項であって，民法第1条第2項に規定する基本原則（信義則）に反して消費者の利益を一方的に害するものは，無効とする。」と規定しているが，これは事業者・消費者間の情報の質および量ならびに交渉力の格差から消費者を保護する趣旨（消費者契約法1条）のものであり，新民法548条の2第2項とは趣旨を異にするものである。そのため，消費者契約法10条の効果は，条項の無効（不当性ゆえの制限）であるのに対し，新民法548条の2第2項の効果は，合意をしなかった（意思の不一致）とみなすとなっている。

(3)　実務上の対応

　「定型約款」のみなし合意については，新民法548条の2第1項1号の組入れの合意によるのが無難である。なぜなら，民法548条の2第1項2号のみなし合意は，契約内容の組入れについて黙示の合意があった場合を意味し，黙示の合意の有無について，紛争が生じる懸念があるからである。

【みなし合意についての条項】

> 第○条　本契約書に規定のない事項については，○○約款に定めるところによる。

　定型取引の相手方にとって不利益となり得る条項については，新民法548条

の２第２項の要件に該当しないか，従来の約款法理に関する裁判例等を参考に
検討をする必要がある。

　検討の過程・結果については，紛争に備えて記録に残しておくべきである。

　検討の結果，みなし合意の例外に当たる可能性がある条項については，定型
約款を利用せずに個別の合意により契約内容とするのが無難である。もっとも，
個別の合意により契約内容をした場合であっても，消費者契約法10条等の規制
により条項が無効となることがあるので，注意を要する。

3 定型約款の内容の表示

(1) 定型約款の開示義務

　新民法は，「定型取引を行い，又は行おうとする定型約款準備者は，定型取
引合意の前又は定型取引合意の後相当の期間内に相手方から請求があった場合
には，遅滞なく，相当な方法でその定型約款の内容を示さなければならない。」
として，定型約款の開示義務を定めている（新民法548条の３第１項本文）。

　定型約款のみなし合意は，取引の相手方が実際に当該個別条項の内容を認識
しているか否かにかかわらず合意をしたものとみなすものであるため，契約締
結前に常に事前開示をすることまでは必要としないが，相手方には定型約款の
内容を確認する機会を与える必要があるため，相手方には定型約款の内容の開
示の請求権を認めるものである。

　この開示の請求権は，定型取引合意の前から定型取引合意の後相当の期間内
に限られている点に注意を要する。

　なお，定型約款準備者が，既に相手方に対して定型約款を記載した書面を交
付し，またはこれを記録した電磁的記録を提供していた場合には，相手方には
定型約款の内容を確認する機会が既に与えられていたといえるため，開示請求
権は認められない（新民法548条の３第１項但書）。

(2) 開示義務違反の効果

定型約款準備者が定型取引合意の前に相手方からの開示の請求を拒んだとき
は，一時的な通信障害等正当な理由がある場合を除いて，定型約款の個別の条
項について合意があったものとはみなされない（新民法548条の3第2項）。

定型取引合意の後に相手方からの開示の請求を拒んだ場合については，規定
がないため，解釈に委ねられることとなる。

(3) 実務上の対応

取引の合意の前に，相手方から請求があったにもかかわらず定型約款の内容
の表示を拒絶した場合には，定型約款のみなし合意の効力が生じないこととな
る。また，取引の合意の後，相当期間内に相手方から請求があったにもかかわ
らず定型約款の内容の表示を拒絶した場合についても，債務不履行の責任等を
追及される可能性がある。

そのため，相手方から定型約款の内容の表示の請求があった場合には，相手
方に対して，定型約款の内容を示したことの記録を残しておくことが望ましい。

また，定型約款の開示の有無についての紛争を予防するために，契約書上に，
定型約款が掲載されているウェブページの案内の記載をして，事前の開示をし
ておく方法も考えられる。

> 第○条　本契約書に規定のない事項については，○○約款（https://www....../
> yakkan.html）に定めるところによる。

4　定型約款の変更

(1) 概　要

定型約款を使用した契約関係がある程度の期間にわたり継続する場合には，

法定の改正や社会の状況の変化により，定型約款の内容を画一的な変更を必要
とする事態が生じることがある。しかし，その場合において，定型約款を使用
した多数の相手方との間で個別に定型約款の変更について合意をしなければな
らないとすることは，実際上極めて困難な場合があり得る。そこで新民法にお
いては，一定の要件の下，相手方当事者の個別の合意を得ることなく，定型約
款の内容の変更をすることを認めている。

(2) 定型約款の変更の要件

新民法においては，次のいずれかの場合に，相手方の個別の合意なく定型約
款の変更をすることを認めている（新民法548の4第1項）。

（1号） 定型約款の変更が，相手方の一般の利益に適合するとき
解説 定型約款の変更が相手方にとって利益になることを根拠に，一方的な意思による約款変更を正当化するものである。

（2号） 定型約款の変更が，①契約をした目的に反せず，かつ，②変更の必要性，③変更後の内容の相当性，④この条の規定により定型約款の変更をすることがある旨の定めの有無及びその内容，⑤その他変更にかかる事情に照らして合理的なものであるとき		
解説	定型約款の変更が，相手方一般に不利なものであっても合理性が認められる場合には一方的な意思による約款変更が認められる。	
	① 契約をした目的	定型約款の変更が，契約をした目的に反しないことは，定型約款変更にあたって必須の要件である。
	② 変更の必要性[3]	合理性の判断の考慮要素であり，必須の要件ではない。もっとも，変更の必要性に欠く定型約款の一方的な変更は，基本的には合理性を欠くものと言わざるを得ず，合理性判断にあたっては重要な考慮要素になると考えられる。

3　なお，ここでいう変更の必要性には，内容を変更することの必要性だけでなく，個別
の同意を得ようとすることにどの程度の困難を伴うか（約款の変更による必要性）も含ま
れると考えられる（部会資料83-2）。

③ 変更後の内容の相当性	変更の必要性に照らして，約款の変更の範囲や程度等が相当といえるかという意味である。そのため，新民法548条の2第2項の規定よりも，約款の内容について踏み込んだ判断が行われることになる。そこで，新民法548条の4第4項において，「新民法第548条の2第2項の規定は，定型約款の変更については，適用しない」と規定されている。
④ 定型約款の変更をすることがある旨の定め	合理性の判断の考慮要素であり，定型約款の変更の必須の要件ではない。もっとも，変更の対象や要件等を具体的に定めた変更条項が定型約款に置かれている場合には，その変更条件に従った変更をすることは，合理性の判断にあたって有利な事情として考慮されることになる（部会資料88-2）。
⑤ その他変更に関わる事情	定型約款の変更は，一方的な変更であるため，変更にあたって，相手方に解除権を与えるなどの措置が講じられているか否か，といった事情も考慮される（部会資料83-2）。

(3) 定型約款の変更の周知

定型約款を変更する場合には，効力発生時期を定め，かつ，定型約款を変更する旨および変更後の定型約款の内容ならびにその効力発生時期をインターネットの利用その他適切な方法により周知しなければならない（新民法548条の4第2項）。

また，548条の4第1項2号による定型約款の変更の場合については，効力発生時期が到来するまでにこの周知を行わなければ，定型約款の変更の効力が生じない（新民法548条の4第3項）ので注意が必要である。

(4) 実務上の対応

将来的に定型約款の内容を変更する可能性がある場合には，変更条項を置くことを検討するべきである。変更条項は，定型約款の変更をする上で，必須の

要件ではないが，具体的な内容の変更条項がある場合には，変更の要件である
変更の合理性が認められやすくなるからである。

　変更条項を設ける際は，単に変更ができる旨を定めるのではなく，新民法
548条の2第2項の規定に沿った定めを置くことが望ましい。ただし，変更条
項は，変更の合理性判断の一要素に過ぎず，約款で定めた変更条項の要件を満
たしたとしても，そのことだけをもって新民法548条の2第2項のいう変更の
合理性が認められることにはならないことに注意を要する。

【単に変更ができる旨の規定】

> 第○条　甲は，甲の判断において，本約款を乙に事前に通知することなく変更
> 　　することができる。

【新民法の規定を意識した規定】

> 第○条
> 1　契約の目的に照らし，社会情勢の変化，法令の変更その他相当と認める事
> 　　由により本約款の変更する必要が生じた場合には，甲は，合理的な範囲で，
> 　　本約款の変更をすることができる。
> 2　甲が前項の約款の変更をする場合には，約款を変更する旨及び変更後の約
> 　　款の内容並びにその効力発生時期を効力発生時期の2か月前までにインター
> 　　ネットの利用（https://www.……/yakkan.html）により周知をする。

5　経過措置

　新民法の施行日（2020年4月1日）前に締結された定型取引に係る契約につ
いては，旧法下で有効であれば，その効力を生じる（附則33条1項但書）。
　また，新民法の施行日前に締結された定型取引に係る契約に対しても，新民
法の定型約款についての規定が適用される（附則33条1項本文）。新民法の適用
を避けるためには，契約当事者の一方（現に解除権を行使できる者は除く）は，

契約当事者の相手方に対して，新民法の施行日前に反対の意思表示を書面（または電磁的記録）でする必要がある（附則33条2項，3項，第1章7「経過措置」も参照）。

6 定型約款に該当しない場合

「定型約款」には当たらない約款については，従来の判例・学説による約款法理に従うことになると思われる。

近時の有力な学説によれば，約款の拘束力の根拠について，あらかじめ約款の内容が相手方に開示された上で，当事者の約款を組み入れる旨の合意があることをもって，約款に含まれる個別の条項に当事者が合意したものとみなされると説明されている。

そのため，「定型約款」には当たらない約款については，その内容を事前開示しておくことが望ましいと考えられる。

また，約款の内容については，新民法548条の2第2項による不意打ち条項規制の直接の対象とはならないが，信義則[4]（民法1条2項），公序良俗[5]（民法90条），消費者契約法10条等により，個別の条項が無効とされる可能性はあるので，注意を要する。

約款の変更については，一定の場合には，必要に応じて合理的な範囲において変更することが予定されており，既存顧客との個別の合意がなくても，既存の契約に変更の効力を及ぼすことがあることを認めている裁判例[6]が存在している。

もっとも，どのような場合に約款の変更が認められるかについて確立した具

4　社会生活上一定の状況の下において相手方のもつであろう正当な期待に沿うように一方の行為者が行動をしなければならないとする原則。例えば，最判平成13年3月27日判決は，「本件約款一一八条一項の規定が存在することの一事をもって被上告人にその全部を負担させるべきものとすることは，信義則ないし衡平の観念に照らして直ちに是認し難い」としている。

5　国家社会の一般的利益・社会の一般的道徳観念に反する内容を持つ法律行為および国家社会の一般的利益・社会の一般的道徳観念に反する内容を条件とする法律行為は無効とする原則。

6　東京高判平成30年11月28日判決Westlaw Japan 文献番号2018WLJPCA11286010　等

体的な基準があるわけではない。

　少なくとも，将来的に約款の変更の可能性がある場合には，必要に応じて合理的な範囲において変更することが予定されていることを明示する意味で，可能な限り具体的な約款の変更条項を設けておくのが無難であろう。

　また，実際に約款の変更をする際には，新民法548の4第1項の規定を参考に，変更の合理性を検討するのが無難である。

第4章

債権譲渡・債務引受・契約上の地位移転

　企業間の取引では，日常的に，契約に伴う債権（例えば，建築工事請負代金債権や売買代金債権等）が発生する。発生した債権について，債権者は取引の相手方である債務者から弁済を受けるほか，債権譲渡による債権回収や，債権を譲渡担保に供して資金調達を図ることがある。

　ところが，企業が取り扱う工事請負契約書や売買基本契約書等には，以下のように，契約に基づき生じた債権を第三者へ譲渡することを禁止したり，制限したりする条項（以下「譲渡制限特約」という）が付されていることが多い。

【譲渡制限特約条項の参考例】

第○条（権利義務の譲渡）
　契約当事者は，相手方の書面による事前の承諾を得ることなく，本契約から生じる権利，義務の全部または一部を，第三者に譲渡し，または担保に供してはならない。

　契約書に譲渡制限特約が存在する場合，債権譲渡による債権回収や譲渡担保による資金調達という実務上の要請に応えることができないとも考えられる。この点について，新民法は実務上の要請を受けて旧民法の取扱いを大きく変更している。

　債権譲渡に関する改正は，実務に大きな影響を与えることから，本章では債権譲渡に関する新民法の規律および実務上の注意点について概説する。

　なお，新民法では，旧民法において解釈によって認められていた債務引受お

よび契約上の地位の移転に関する条文も新設されていることから，この点についても概説する。

実務上のポイント

・譲渡制限特約に反する債権譲渡の効果について，旧民法では原則無効と解釈されていたが，新民法では原則有効であることが明文化され，従前の取扱いが変更された。

・譲渡制限特約が付された期限の定めのない債権を譲渡する場合，新民法466条4項を前提にしても，デッドロック状態（譲渡人も譲受人も債務者に対して履行請求できない状態）に陥る可能性がある。そこで，あらかじめデッドロック状態に陥らないような対応を行っておく必要がある。具体的には，債権譲渡を受ける前に譲渡人から債務者に履行の請求をしてもらうか，譲受人から譲渡人に取立権を与えるという方法が考えられる。

・債務者から譲渡人に対する譲渡制限特約違反を理由とする契約解除や損害賠償請求の主張は，権利濫用等により認められない可能性がある。また，譲渡制限特約が付された債権の譲渡を受ける場合，具体的な事情によっては，譲受人が譲渡人から損害賠償請求等を受けるリスクが生じる点にも注意する必要がある。

・旧民法において解釈上認められていた債務引受や契約上の地位移転について，明文の規定が設けられた。

1 債権譲渡に関する改正のポイント

(1) 譲渡制限特約の効力（新民法466条2項）

　旧民法においては，譲渡制限特約は，「善意の第三者に対抗することができない。」（466条2項但書）とされているが，譲渡制限特約に反する債権譲渡の効力自体については明文の規定が存在しない。この点については，譲渡当事者間でも原則として無効（譲受人が善意無重過失の場合には有効）と解釈されていた。

　新民法では，この点に関する規定を設け，譲渡制限特約に反する債権譲渡であっても，譲渡当事者間では有効（譲受人が債権者となる）とし（新民法466条2項），旧民法の規律を変更した。

(2) 譲受人等が悪意重過失の場合の債務者の抗弁（新民法466条3項）

　このように，新民法により，譲渡制限特約の付された債権についても円滑な債権譲渡が認められることになったが，譲渡制限特約を付した債務者の利益にも配慮する必要がある。この点，譲渡制限特約について悪意重過失の譲受人その他の第三者に対しては，債務の履行を拒み，かつ，譲渡人に対する弁済等の事由をもって当該第三者に対抗できるとされている（新民法466条3項）。

(3) デッドロック状態の解消（新民法466条4項）

　譲受人が譲渡制限特約について悪意重過失であっても，譲受人が債権者として扱われることとなった結果，債務者が，譲渡人に対しては債権者でないことを理由に債務履行を拒否し，譲受人に対しては譲渡制限特約について悪意重過失であることを理由に履行を拒否する，つまり，債務者が譲渡人と譲受人の双方に対して支払いを拒否することができてしまう（いわゆる「デッドロック状態」）。

　かかる弊害を防止するため，悪意重過失の譲受人は債務者に対し，相当の期

間を定めて譲渡人に履行するよう催告し，その期間内に履行されないときは譲受人が債務者に対して履行を請求することができるとされた（新民法466条4項）。

⑷　譲渡制限特約が付された債権の差押え（新民法466条の4）

旧民法では，譲渡制限特約のある債権であっても，差押債権者の善意悪意を問わず，これを差し押さえ，かつ，転付命令によって移転することができると解されていた[1]。

新民法は，判例法理を明文化し，譲渡制限特約のある債権に対して差押えを行った債権者に対して，譲受人等が悪意重過失の場合の規律（新民法466条3項）が適用されないことにした（新民法466条の4第1項）。もっとも，差押債権者に執行債務者である譲受人が有する権利以上の権利が認められるべきではないという考えに基づき，譲受人その他の第三者が譲渡制限特約に悪意重過失であった場合は，債務者は履行を拒否し，かつ，譲渡人に対する弁済等の事由をもって差押債権者に対抗することができる（同条2項）。

⑸　預金債権または貯金債権に対する譲渡制限特約の効力（新民法466条の5）

譲渡制限特約が付された預金債権または貯金債権について債権譲渡がなされた場合，悪意重過失の譲受人その他の第三者との関係では，当該債権譲渡は無効である（新民法466条の5）。

金融機関による円滑な払戻業務に支障をきたさないようにするため，新民法の譲渡制限特約の効力（新民法466条2項）の例外規定を設けたものである。

⑹　将来債権の譲渡および譲渡後の譲渡制限特約（新民法466条の6）

旧民法には将来債権の譲渡に関する明文の規定は存在しなかったが，実務上

1　最判昭45年4月10日民集24巻4号240頁。なお，同判決は定期預金債権等を差し押さえ，転付命令を受けた事案である。

企業の資金調達の手段として活用されており，裁判例において有効性も認められていた[2]。

新民法では，判例法理を明文化し，将来債権の譲渡が有効である旨（新民法466条の6第1項）および譲受人が発生した債権を当然に取得する旨（同条2項）の規定が設けられた。

(7)　債権譲渡の対抗要件（新民法467条）

「民法（債権関係）の改正に関する中間試案」では，①債権者の第三者対抗要件を登記に一元化する案や，②債務者の承諾を第三者対抗要件にしない案が提出された。もっとも，①コストや手間を要するとの批判，②同一債務者に対する債権を譲渡するような取引の場合，債務者の承諾による対抗要件を認めることが簡便である等の批判があり，対抗要件に関する規定は改正されなかった。

したがって，新民法においても，旧民法と同様，確定日付のある通知または債務者の承諾により行われる。

(8)　異議を留めない承諾の廃止（新民法468条）

旧民法では，債務者が債権譲渡を単純に承認すれば（異議を述べないことを積極的に表示しなくても），譲渡人に対する抗弁権を失うとされていた。

例えば，物品売買契約を締結し，債務者（買主）が債権者（売主）に対して同時履行の抗弁権（反対給付について履行の提供を受けなければ債務の履行を拒むことができるという抗弁権，新民法533条）を有する場合，債務者は債権者から物品引渡しについて履行の提供を受けなければ売買代金を支払う必要はないところ，債務者が同時履行の抗弁権を主張せずに（明示的に異議を述べずに）債権譲渡を承諾した場合，債務者は債権譲受人に対して同時履行の抗弁権を主張できなくなるという帰結になっていた。

しかし，このような抗弁権の喪失は債務者にとってあまりに酷であるという

2　最判平11年1月29日民集53巻1号151頁

理由から，新民法においては，異議を留めない承諾の制度は廃止された。

(9) 債権譲渡と相殺（新民法469条）

旧民法では，債権譲渡と相殺に関する明文の規定はなく，自働債権および受働債権の取得時期や弁済期により，債務者による相殺が認められるか否かについて多数の裁判例が存在していた[3]。

新民法は，判例法理を明文化し，債権譲渡の対抗要件具備前に取得した譲渡人に対する債権，または対抗要件具備後に取得した債権であっても，対抗要件具備前の原因に基づいて生じた債権であれば，債務者は譲受人に相殺を対抗できるとした（新民法469条）。

2 債務引受に関する改正のポイント

旧民法では，債務引受（契約による債務の承継）について明文規定はないものの，実務上の要請から，併存的債務引受（引受人が債務者と連帯して債務を負担する）と免責的債務引受（引受人が債務を負担し，債務者が自己の債務を免れる）が認められると解されていた。

新民法では，解釈により認められていた併存的債務引受と免責的債務引受の要件・効果等が明文化されている（新民法470条～472条の4）。要件・効果の概要は，右記表記載のとおりである。

3 契約上の地位移転に関する改正のポイント

旧民法では，契約当事者の一方が契約上の地位を第三者に移転する旨の合意が有効であるか否かについて，明文の規定はなく，相手方の承諾があれば有効であると解されていた。

新民法はこの点を明文化し，契約の相手方が承諾したときに，契約上の地位

---

3 最判昭50年12月8日民集29巻11号1864頁等

【表】債務引受の要件・効果

	当事者	併存的債務引受	免責的債務引受
要　件	債権者・引受人間	○（債務者の意思に反しても可能）	○（債務者に対する通知が必要）
	債務者・引受人間	○（債権者の承諾が必要）	○（債権者の承諾が必要）
	三者間	○	○
効　果		債務者の債務と引受人の債務は連帯債務となる	債務者は債務を免れ，引受人が同一の内容の債務を負担する

が当事者の一方から第三者に移転するとしている（新民法539条の2）。

　債務引受および契約上の地位移転については，旧民法において解釈で認められていた点が明文化されたものであり，実務への影響もそれほど大きなものではないと思われる。

　これに対して，債権譲渡については旧民法と新民法で規律が異なり，実務に及ぼす影響も大きいと考えられることから，以下，実務上注意すべきと思われる事例を簡単に紹介する。

4　デッドロックを解消できない事態に陥る可能性のある事例

　譲渡制限特約が付されているAのCに対する貸金債権について，AB間で債権譲渡が行われたが，Bが譲渡制限特約について悪意重過失であったという事例に基づき，実務上の注意点を整理したい。

　この事例において，AのCに対する貸金債権が確定期限付債権または不確定

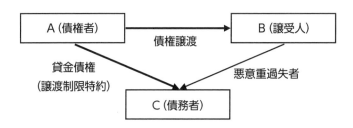

期限付債権であれば，新民法466条４項に基づく「履行の催告」を行うことで，デッドロック（Ｃが，Ａに対しては債権者でないことを理由に債務履行を拒否し，Ｂに対しては譲渡制限特約について悪意重過失であることを理由に履行を拒否することができる状態）は解消可能である。

　これに対して，ＡのＣに対する貸金債権が期限の定めのない債権である場合，ＡからＢへの債権譲渡により，当該債権の期限が到来せず，デッドロックを解消できない事態に陥る可能性がある。すなわち，ＡはＢへの債権譲渡により既に債権者ではなく，履行の請求（新民法412条３項）をすることができないし，ＢもＣから悪意重過失の抗弁（新民法466条３項）の主張を受け，デッドロック状態が生じてしまう。

　Ｂとしては，新民法466条４項によりデッドロック状態の解決を図ることになるが，同項に基づく「履行の催告」を行うための要件として「債務者が債務を履行しない」ことが要求されているため，そもそも履行遅滞に陥っていないＣが「債務を履行しない」に該当するのかという問題が生じうる。

　この点については，単に「債務を履行しない」と規定されていることから，この文言は，債務者が履行していないという単純な事実状態を指す（債務者が遅滞責任を負っていなくても，新民法466条４項に基づく履行の請求は可能）と考える見解もある。

　もっとも，実務的には，デッドロック状態を解消できないリスクを回避するために，新民法466条４項の「債務を履行しない」は，法律上，債務者が履行遅滞に陥っていることを前提にした規定であると考え，事前に何らかの対策を採っておくべきであろう。

　そこで，Ｂとしては，Ｃを法律上の履行遅滞に陥らせるために，以下のような対応を検討することとなろう。

・債権譲渡を受ける前にＡからＣに履行請求をしてもらい，Ｃを履行遅滞に陥らせる（以下「履行遅滞方式」という）。
　　履行遅滞方式は，債権譲渡時点で，Ｃが履行遅滞に陥っていればデッドロック状態は解消できる（債権譲渡後にＢからＣに「履行の催告」が可能）という考え方に基づき，債権譲渡を受ける前に，ＡからＣに履行請

求をしておいてもらうという対応である。
- ・BからAに取立権を与える（以下「取立権方式」という）。
  取立権方式は，債権譲渡時点で，AからCに履行請求していない（または履行請求を行うことを想定していない）場合に，BからAに取立権を与え，債権譲渡と同時または債権譲渡後に，取立権を有するAからCに対して履行請求を行ってもらい，Cを履行遅滞に陥らせるという対応である。

以下においては，履行遅滞方式と取立権方式の場合に，それぞれ実務的にどのような対応をとるべきかを検討する。

⑴　履行遅滞方式に基づく実務的な対応

①　債権譲渡通知書に記載すべき内容

単純に考えると，まずはAからCに履行請求書を送付し，同書がCに到達した後に，改めて債権譲渡通知書を送付することになる。

もっとも，履行請求書の到達時点でCがAに弁済してしまうと，AがBに対して譲渡しようとする債権が弁済により消滅することになるので，実務上，このような対応は採りにくい。

そこで，AからCに対する債権譲渡通知書の送付に合わせて，同一書面でAからCに履行の請求を行う方法を検討することになる。

この点について，ⅰ）「民法412条3項に基づき履行を請求します」という文言と，ⅱ）「Bに債権譲渡しましたので，その旨通知します」という文言を単純に併記すると，デッドロック状態が解消できないのではないかという疑問が生じる。

すなわち，ⅰ）は書面がCに到達した時点で履行請求の効力が生じるのに対し（新民法97条1項），ⅱ）は債権譲渡契約を締結した時点で効力が生じる（債務者への通知は対抗要件である。新民法467条1項）ので，ⅰ）の履行請求を行う時点で，既にAがCに対する債権を有しないのではないかという理論上の問題が生じうる。

　そこで，やや技巧的であるという印象は拭えないものの，現時点で考えうる実務的な対応として，ⅰ）の履行請求の意思表示が到達したことを停止条件として，ⅱ）の債権譲渡を行うという内容の文書を送付することも検討できるのではないかと思われる。

　なお，参考までに，上記対応を前提にした場合のAからCに対する通知書（履行請求書兼債権譲渡通知書）を提示する。

【履行請求書兼債権譲渡通知書の参考例】

履行請求書兼債権譲渡通知書

令和○年○月○日

（被通知人）

東京都○○区○○丁目○号

C殿

（譲渡人兼通知人）

東京都○○区○○丁目○号

A

　私は貴殿に対し，令和○年○月○日付金銭消費貸借契約に基づく下記債権（以下「本債権」といいます。）を有しています。

　本債権について，私は本書をもって，民法412条3項に基づく履行の請求を行います。

　また，本書到達を停止条件として，本債権を下記譲受人（以下「譲受人」といいます。）に譲渡しますので，その旨ご通知いたします。

（本債権の表示）

　令和○年○月○日付金銭消費貸借契約に基づく貸付金残金○円およびそれに付帯する利息・遅延損害金その他一切の請求権

（譲受人の表示）

```
東京都○○区○○丁目○号
B
```

　履行遅滞方式の手順としては，まずはAからCに上記「履行請求書兼債権譲渡通知書」を送付し，同書到達後BがCに，債権譲渡の効力が発生したことを前提として，Bへの履行を求めることになる。

　Bの請求に対し，Cが悪意重過失の抗弁（新民法466条3項）を主張した場合，BはCに対し，新民法466条4項に基づき，Aへの履行の催告を行い，デッドロック状態を解消させる。

　そして，相当期間が経過してもCがAに債務を履行しない場合，BがCに対して履行の請求を行うことが可能になる。

②　債権譲渡契約書に記載すべき内容

　まず，AからCに①で述べた履行請求書兼債権譲渡通知書を送付する場合，AからBに対する債権譲渡は，AからCに対する履行請求の到達を停止条件として効力が発生することになる。

　そこで，AとBとの間の債権譲渡契約書においても，債権譲渡の効力発生（停止条件）に関する条項を記載すべきことになる。

　なお，停止条件に関する条項の参考例は，以下のとおりである。

【停止条件条項の参考例】

```
第○条（停止条件）
　AとBは，本債権譲渡の効力が，本債権についてAが行う民法412条3項に基づく履行の請求がCに到達することを停止条件として発生することを確認する。
```

　次に，履行請求書兼債権譲渡通知書を送付しない場合，例えばAがCに既に履行の請求を行っている場合や，AがBに対し既に履行の請求を行った旨を約している場合，Aが既に履行の請求を行ったことに関する表明保証条項を規定

することが考えられる。

　なお，表明保証に関する条項の参考例は，以下のとおりである。

【表明保証条項の参考例】

第○条（表明保証）

　AはBに対し，本契約締結時までに，本債権について，Cに民法412条3項に基づく履行の請求を行ったことを表明し，保証する。

(2)　取立権方式に基づく実務的な対応

①　債権譲渡契約書等に記載すべき内容

　取立権は，民法に明文規定がないため，AとBとの間で締結する債権譲渡契約書等において，権利の内容や効果等を具体的に定める必要がある。CはBへの「債務の履行を拒むことができ」（新民法466条3項）る立場にあるので，取立権の内容として，Bへの履行を請求できるというのは適切ではないと思われる。

　そこで，取立権の内容としては，AがBから取立権の付与（法律的には履行請求の委任と整理されるものと思われる）を受けて，Cに対してAへの履行を求める権利になるものと解される。

　そして，取立権は，債権譲渡と同時に行使する場合と，債権譲渡後に行使する場合が想定される（債権譲渡前はAが債権者であるため，取立権の行使は想定できない）ので，債権譲渡契約書等においても，両者の場合を想定した条項を設けるべきである。

　なお，参考までに，債権譲渡契約書において，BがAに取立権を与える場合の契約条項を提示する。

【取立権条項の参考例】

第○条（取立権）

1　BはAに対し，本債権について，Aが本債権の債務者（以下「債務者」という。）に民法412条3項に基づく履行の請求を行う権限（以下「取立権」という。）を与える。

2　取立権は，Aが債務者に対し，書面（配達証明付内容証明郵便に限る。）により，以下の通知を行う権限を指すものとする。

　①　本債権をBに譲渡した旨および同債権譲渡の年月日

　②　本債権について，Bから民法412条3項に基づく履行の請求を行う権限を付与されている旨および同権限に基づき民法412条3項に基づきAへの履行の請求を行う旨

3　Aは，債務者に対し本債権をBに譲渡した旨を通知するのと同時または本債権をBに譲渡した後に，Bの指示に基づき，債務者に対して取立権を行使するものとする。

4　Aは，取立権の行使にあたり，債務者に対して，第2項に規定する以外の事項を通知してはならない。

5　Aは，取立権の行使により，債務者から本債権に関する弁済を受けた場合，直ちに，B指定の預金口座宛に，弁済を受けた金銭すべてを振り込んで支払う。振込手数料はAの負担とする。

6　取立権は，以下の場合に将来に向かって効力を失うものとする。

　①　Cが本債権に関するすべての弁済を行った場合

　②　BがAに対し，取立権の付与を撤回する旨を表示した場合

②　債権譲渡通知書に記載すべき内容

　債権譲渡契約書等において取立権を定めた場合，AからCに対する債権譲渡通知書や債権譲渡通知後に送付する文書において，取立権を前提にした履行の請求を行うことになる。

　なお，参考までに，Aが取立権を有する場合の債権譲渡通知書（Aが債権譲渡通知と同時に取立権を行使する場合）を提示する。

【債権譲渡通知書の参考例】

債権譲渡通知書

令和○年○月○日

（被通知人）
東京都○○区○○丁目○号
C殿
（譲渡人兼通知人）
東京都○○区○○丁目○号
A

　私は貴殿に対し，令和○年○月○日付金銭消費貸借契約に基づく下記債権（以下「本債権」といいます。）を有しています。

　私は本日付で，本債権を下記譲受人（以下「譲受人」といいます。）に譲渡しましたので，その旨ご通知いたします。

　また，私は譲受人から，本債権について，民法412条3項に基づく履行の請求を行う権限（取立権）を付与されております。

　そこで，私は貴殿に対し，上記権限に基づき，私宛に本債権の弁済を行っていただくよう，本書をもってご通知いたします。

（本債権の表示）
　令和○年○月○日付金銭消費貸借契約に基づく貸付金残金○円およびそれに付帯する利息・遅延損害金その他一切の請求権

（譲受人の表示）
東京都○○区○○丁目○号
B

　取立権方式の手順としては，まずはAからCに上記「債権譲渡通知書」を送付し，Aが取立権を行使して，Cに債務の履行を求める。

　CがAに債務を履行した場合，BはAから弁済金を受領することで債権の弁済を受けることができる。CがAに債務を履行しない場合，BはCに対し，新民法466条4項に基づき，Aへの履行の催告を行い，デッドロック状態を解消させる。

　そして，相当期間が経過してもCがAに債務を履行しない場合，BがCに対して履行の請求を行うことが可能になる。

③　履行遅滞方式と取立権方式のいずれをとるべきか

　実務的には，履行遅滞方式と取立権方式を採った場合に生じうるリスクを考慮して，具体的な対応を検討することになるだろう。

　そこで，それぞれの方法を採った場合に生じうるリスクを簡潔に記載する（以下の記載はあくまで一般論としての例示であり，生じうるリスクはこれに限られるものではない）。

	生じうるリスク
履行遅滞方式	・債務者に債権譲渡通知が到達しない場合，債権譲渡の効力が生じないことになる。 ・債権譲渡の効力発生が停止条件付きになることで，債権譲渡の効力発生時期等が不明確になる可能性がある。 ・停止条件が成就する前に，譲渡対象となる債権が他の債権者から差し押さえられ，同差押え後に停止条件が成就したような場合，権利関係をめぐって紛争が生じる可能性がある。
取立権方式	・譲受人が悪意重過失の場合，債務者は民法466条3項に基づき履行を拒むことができるので，そもそもこのような譲受人が譲渡人に取立権（履行の請求権）を付与できるのかという理論上の問題が残る。 ・取立権について法律上の規定がなく，取立権の内容や解釈をめぐって疑義が生じる可能性がある。 ・取立権の定め方によっては，譲受人が譲渡人に対し取立権の行使を強制できるのかという問題が生じうる。

5 譲渡制限特約違反を理由とする契約解除，損害賠償・違約金請求の可否

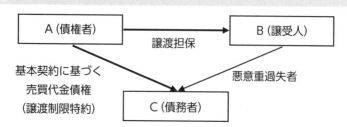

AとCは，Aを売主としCを買主とする継続的な売買を行っており，CはAにとって大口取引先である。AとCとの間に締結された売買基本契約書にはAのCに対する売買代金債権について譲渡制限特約が付されている。

Aが，資金調達の必要から，Cの取引先であるBに相談したところ，BはAを援助しようと考え，AのCに対する売買代金債権の譲渡を受けるという提案を行った。そこで，Aは，将来債権を含め，売買基本契約に基づくCに対する売買代金債権を目的物として，Bのために譲渡担保を設定した（Bは譲渡制限特約について悪意重過失であった）。

Cは，Aの譲渡制限特約違反を理由として，売買基本契約を解除するとともに，Aに対する損害賠償請求を行った。AはCに掛け合い，取引継続を求めたが，Cから取引は継続できないとの返答があった。

Aは，Cとの取引が打ち切られたことに関し，譲渡制限特約違反について悪意重過失であったBにも責任の一端があると考え，Bに対して損害賠償請求を行った。

(1) 債務者の立場からの注意点

① 契約解除と損害賠償請求の妥当性

AによるBへの譲渡担保の設定は，売買基本契約書の譲渡制限特約に違反するものと思われる。しかし，催告解除について，催告期間を経過した時における債務の不履行が契約および取引上の社会通念に照らして軽微であるときは，

契約解除が認められない（新民法541条但書）。この軽微な債務不履行における解除の制限については**第6章3**で解説されているため参照されたい。

　本事例では，Bが譲渡制限特約について悪意重過失であり，CはAに弁済して債務を消滅させることができる（新民法466条3項）ので，Cは弁済先をAに固定することができる。そうすると，Aの債務不履行は軽微であり，Cによる売買基本契約の解除は認められない可能性がある。

　また，AによるBへの譲渡担保によっても，Cに具体的な損害が発生したとは考えにくいことから，CからAに対する債務不履行を理由とする損害賠償請求は認められない可能性がある。

②　実務上の注意点

　以上のとおり，Aが売買基本契約の譲渡制限特約に違反してBへの譲渡担保を行ったとしても，CからAに対する契約解除の主張および損害賠償請求はいずれも認められない可能性がある。

　そこで，Cとしては，Aと売買基本契約を締結する際に，Aが売買代金債権を譲渡したり，譲渡担保や質権を設定する等の担保の用に供したりした場合，Cが売買基本契約を即時解除ができる旨や，CがAに違約金を請求できる旨を具体的に規定する等の対応を採っておくべきである。

　もっとも，法務省の説明資料[4]では「譲渡制限特約が弁済の相手方を固定する目的でされたときは，債権譲渡は必ずしも特約の趣旨に反しないと見ることができる。そもそも契約違反（債務不履行）にならない。」「債権譲渡がされても債務者にとって特段の不利益はない。取引の打切りや解除を行うことは，極めて合理性に乏しく，権利濫用等に当たりうる」と説明されている。

　そこで，売買基本契約書に上記のような条項を設けたとしても，それだけで直ちにCのAに対する契約解除の主張，損害賠償や違約金の請求が認められるわけではない点には注意が必要である。

4　http://www.moj.go.jp/MINJI/minji06_001070000.html，「重要な実質改正事項（1～5）」中の29頁

⑵　譲受人の立場からの注意点

　Bは，Aを援助できればという思いからAのCに対する売買代金債権について譲渡担保の設定を受けたが，善意が裏目に出て，結果としてAから損害賠償請求を受けることになった。

　Bは，Aに対する加害の意思は有していなかったものの，譲渡制限特約について悪意重過失であったことから，Cによる取引停止を想定できたという前提に立てば，Aの損害賠償請求に応じなければならない可能性はある。

　このようなリスクを避けるために，Bは，譲渡担保契約を締結する際に，売買代金の譲渡担保がAの要望に基づくものであり，仮にCとの間で取引を継続できなくなったとしても，これに対して何らの責任を負わない旨の表明保証を得ておく必要があると思われる。

　なお，表明保証に関する条項の参考例は，以下のとおりである。

【表明保証条項の参考例】

第○条（表明保証）
　AはBに対し，本譲渡担保契約が，Aの資金調達の必要性に基づきAからBに対する自発的な要望により締結されたこと，および本譲渡担保契約の締結や実行により，AがCから売買基本契約の解除や取引の打切り，損害賠償等の請求を受けたとしても，Bに対して異議申立てその他何らの請求を行わないことを表明し，保証する。

第5章

債務不履行

　企業間取引において，債務不履行の問題は重大な関心事である。債務不履行があった場合，契約を解除できるのか，損害賠償を請求できるのかということが問題となる。また，債務不履行があった場合の規律いかんによって，ビジネス上の立ち位置が変わることも少なくない。それゆえ，契約を締結する多くの場合，契約当事者間において債務不履行が発生した時の損害賠償や解除等について取り決めがなされることになる。

　他方で，契約において債務不履行にかかる合意がされなかった場合，民法の規定が契約の内容となる。また，契約書の条項を決めるに際しても，民法の規定内容を横目で見つつ検討することが基本的な作業となる。

　そこで，ビジネスパーソンとしては，民法が変わることで，債務不履行に関する規律がどのように変化したのか，変化しなかったのか，契約実務上注意すべき点はどこにあるのか，あらかじめ整理しておくことが肝要となる。本書では，債務不履行のうち損害賠償にかかる主要な部分の改正内容および契約実務に与える影響を解説する。

　なお，債務不履行解除について，新民法は，債務不履行が履行不能によるものであるかにかかわらず，債務者の帰責事由を問わないこととした。また，債務不履行の原因が債権者の帰責事由による場合，債権者からの解除が不可であることなども規定した。解除に関する改正点については，次章（**第6章**）を参照されたい。

実務上のポイント

- ・債務不履行については，実務上の取扱いに明らかな変更点はない。
- ・債権者による債務不履行に基づく損害賠償請求について，債務の本旨に従った履行をしない場合と履行不能の場合との区別がなくなり，いずれの場合も債務者の帰責事由が求められることが明記された。
- ・債務者の帰責事由の判断基準が明記された。
- ・債務不履行および債務者の履行拒絶において，債権者が債務者に対してん補賠償を請求できることが明記された。
- ・契約が解除された場合はもちろん，債務不履行により解除権が発生した場合でもてん補賠償を請求できることが明記された。
- ・特別損害の予見可能性について，「予見すべきであった」かどうか，規範的な評価が問題とされることが明記された。
- ・受領遅滞の効果が明記された。
- ・損害賠償額の制限を合意した場合において，裁判所がその額の増減をすることができるとの文言が削られたが，実務上の取扱いに変更はない。

1 債務不履行による損害賠償

(1) 債務不履行に関する損害賠償についての改正点

　旧民法415条は，「債務者がその債務の本旨に従った履行をしないときは，債権者は，これによって生じた損害の賠償を請求することができる。債務者の責めに帰すべき事由によって履行をすることができなくなったときも，同様とする。」と規定している。このように，旧民法415条では，「債務者がその債務の本旨に従った履行をしないとき」と，「履行をすることができなくなったとき」が書き分けられていることから，履行不能が，「債務の本旨に従った履行をしないとき」に含まれるのかが判然としなかった。また，債務者の帰責事由の存否については，履行不能の場面のみを問題とするかのような規定となっていた。しかし，判例・通説は，履行不能と「債務の本旨に従った履行をしないとき」

とを区別せずに，履行不能に限らず債務不履行一般の場面において帰責事由が
要件とされるよう解釈していた[1]。

　新民法415条 1 項は，この判例・通説の考え方を明文化し，415条 1 項但書は，
帰責事由の存否について「契約その他の債務の発生原因及び取引上の社会通念
に照らして」判断するという近時の学説の考え方を明文化した[2]。

　また，新民法は，履行不能である場合および債務者の履行拒絶の場合に履行
期の前後を問わずてん補賠償が認められる旨の規定を新設した（新民法415条 2
項）。

　この点について旧民法に規定はなかったが，判例上，本来の債務の履行に代
わる損害賠償として，債務者に対しててん補賠償を請求することが認められてい
た[3]。新民法は，これを明文化しただけでなく，債務者の履行拒絶の場合につい
ても履行不能に準じるものとし，てん補賠償を認める旨を規定した。また，同
項は，契約が解除された場合はもちろん，債務不履行により解除権が発生した
場合でもてん補賠償を認めることとした。

(2)　契約実務に与える影響

　改正によって帰責事由の基準が明確化されることとなった。当該取引契約に
おいて，いかなるケースが帰責事由とされるか，事前に検討することが欠かせ
ないことはいうまでもない。契約条項において，いわゆる不可抗力条項の内容
を明確化することの重要性はこれまでと変わりがない。

　債務不履行に基づく損害賠償に債務者の帰責事由を要するとする新民法415
条 1 項は，任意規定であることから，契約上，帰責事由を不要とすることも可
能である点も改正前と変わらない。また，帰責事由の立証については，債務者
が負うことになる点も改正前と変わらない。

　てん補賠償については，債務者の履行拒絶がある場合において，債権者によ
るてん補賠償請求ができることが明文化されたことから，債権者は，本来の債

1　大判大正14年 2 月27日民集 4 巻97頁
2　都築満雄「債務不履行と履行の不能」『法学セミナー』（日本評論社，2016）739号16頁
3　最判昭和30年 4 月19日民集 9 巻 5 号556頁

務の履行を請求するか，てん補賠償を請求するか選択することができることとなった。契約実務において，民法上債権者が有することとなった選択権について，条項上の手当の検討を要することとなろう。

(3) 契約条項例

【帰責事由を制限する条項】

> 甲又は乙が，本契約に違反して損害を与えたときは，故意又は重過失のある場合に限り，相手方に対し，その損害を賠償する責任を負う。

【帰責事由の有無を問わず責任を負うとする条項】

> 甲又は乙は，本契約に違反して相手方に損害を与えた場合には，故意の場合を除き，相手方に対し，損害賠償を請求できない。

※重過失の場合でも甲乙互いに損害賠償を負わないとする条項例である。なお，最高裁判例平成15年2月28日判例時報1829号151頁は，当事者双方が事業者の事例において，故意または重過失による場合に債務者の損害賠償義務の範囲を制限する旨の宿泊約款につき無効とした。この事例は，当事者の一方についてのみ故意または重過失による損害賠償を減免するという約款規制の有効性を判断したものであり，契約条項について判断したものではない。しかし，一方当事者を不当に不利にする条項は，民法の原則から無効とされる場合がある点で，参考になるものと思われる。

【帰責事由を問わず賠償責任を負うものとする条項例】

> 甲又は乙が，本契約に違反して相手方に損害を与えた場合には，帰責事由の有無を問わず，相手方に対し，その損害を賠償しなければならない。

【不可抗力の場合に免責する条項例】

> 甲及び乙は，戦争，テロ行為，暴動，天変地変，生産設備の偶発的事故，法令の改廃・制定，公権力による処分・命令，同盟罷業その他争議行為，合理的な輸送機関の利用不能その他の当事者の責めに帰することのできない事由により，本契約又は個別契約の全部又は一部の履行の遅滞又は不能が生じた場合は，互いにその責任を負わない。ただし，甲及び乙は，相手方に対し，速やかに上記事由を通知し，対応において誠実に協議を行う。

※新民法415条1項では，「その債務の不履行が契約その他の債務の発生原因及び取引上の社会通念に照らして債務者の責めに帰することができない事由」があれば，債務者の賠償責任が免責されることとされている。契約実務においては，いわゆる不可抗力条項により，当該契約における「帰責事由」を明確化することが可能である。

2 損害賠償の範囲

(1) 改正のポイント

旧民法416条1項は，債務不履行によって「通常生ずべき損害」が賠償されるべきことを定めている。これは，一般に通常損害といわれるもので，当該債務不履行から一般に生じるであろうと認められる損害を意味する。例えば，履行不能の場合における目的物の交換価値にあたるてん補賠償がこれである。本項は，新民法においても維持されることとなった。

また，特別損害については，旧民法416条2項において，当事者が特別な事情を「予見し，又は予見することができたとき」賠償請求できると規定されていたが，予見可能性の主体・時期・対象・程度についての解釈に対立があった。新民法416条2項は，予見可能性についての文言を，「予見し，又は予見することができたとき」から「予見すべきであったとき」に改めることとした。

この改正は，債務者が現実に予見していたかどうかという事実の有無を問題にするものではなく，予見すべきであったか否かという規範的な評価を問題と

することを明確化したといえる。つまり，特別な事情について債務者が現に予見していなかったとしても，客観的に予見すべきと評価されれば，債務者は賠償義務を負うことになる。

(2)　契約実務への影響

　特別損害について，判例は，予見の主体を債務者とし，予見の時期を債務不履行時としているが，新民法においても，予見の主体は「当事者」のままであり，予見の時期も明文化されなかった。

　しかし，「予見すべきであったとき」と改正されたことから，予見可能性については，契約の目的に照らしたより客観的な運用がなされることが予想される。

(3)　契約条項例

【賠償の範囲を制限した条項例】

> 　甲又は乙が，本契約に違反して損害を与えたときは，相手方に対し，現実かつ直接に生じた通常の損害に限り賠償する責任を負う。

※この条項例は，損害賠償の範囲を，相当因果関係の範囲とする民法の原則を引き写したものといえる。ただ，「通常の損害」に限定しているため，新民法416条2項に規定する「特別損害」を排除している点で，賠償の範囲を制限するものである。そういう趣旨であれば次の条項例で足りるものと思われる。

【特定の損害を除外する条項例】

> 　甲又は乙は，予見の有無を問わず特別な事情によって生じた損害につき賠償する責任を負わない。

【賠償の範囲に弁護士費用まで含める条項例】

> 甲又は乙が，本契約に違反して損害（弁護士費用を含む）を与えたときは，相手方に対し，賠償する責任を負う。

※債務不履行による損害賠償の場合，一般的に，合意がない限り弁護士費用まで賠償の範囲として認められない。

3 履行遅滞と履行不能

(1) 履行遅滞についての改正内容

　債務者が履行遅滞となる時点は，原則，その契約が確定期限の定めがある契約であればその期限が到来したとき，期限の定めのない契約であれば債務者が履行の請求を受けたときである。これらの点は，民法改正前後において変更はない。

　他方で，旧民法412条2項において，不確定期限の定めのある契約の場合，債務者が履行遅滞となるのは，債務者が期限の到来したことを知ったときとされている。そうすると，債務者が期限の到来を知らないでいる間は，履行遅滞とはならないと解する余地が生じてしまう。しかしながら，それでは，期限の定めのない契約の場合との均衡を失する。

　そこで，新民法412条2項は，不確定期限においても，不確定期限到来後に債務者から履行の請求があった時には履行遅滞となることを規定した。

(2) 履行不能についての規定の新設

　旧民法は，いかなる場合に債務が履行不能となるか規定していない。履行不能は物理的不能に限られるものではなく，判例上，目的物の取引が法律上禁止された場合や，目的物である不動産が二重譲渡され，第二買主が所有権移転登記を備えた場合なども履行不能とされていた。

　この点，新民法は，債務の履行不能の基準を明文化するとともに，履行が不

能であるときは，債権者はその履行を請求できないとする規定を新設した（新民法412条の2第1項）。すなわち，履行不能であるかは，契約その他の当該債務の発生原因をめぐる一切の事情に基づき，当該取引に関して形成された社会通念も勘案して決めるものとした。また，その結果履行不能であると判断された場合，債権者はその債務の履行を請求できないこととされた。

(3)　原始的不能についての規定の新設

契約に基づく債務の履行がその契約の成立時に不能である場合，すなわち原始的不能である場合について，旧民法には明文の規定がなく，そもそも契約は無効であるとの一般論を述べる判例もあった[4]。これに対し，新民法は，履行が原始的不能であっても，それのみで契約が無効となるものではないことを前提に，その債務の履行が不能であることによって生じた損害について債権者が損害賠償を請求することを妨げないとの規定を新設した（新民法412条の2第2項）。

この点，契約締結上の過失の議論との関係が問題となる。契約締結上の過失の場合，その損害賠償の範囲は，信頼利益にとどまるとされる。契約が成立していないことが前提とされるからである。

他方で原始的不能による損害賠償については，新民法415条の規律によることとなる。しかし，その損害賠償請求の範囲についても新民法が適用されるかは，なお判然としない。

(4)　契約実務への影響

上記のとおり，履行期が不確定期限の場合，期限到来後に債権者からの請求があったときに履行遅滞となることが明文化されたが，これは旧民法でも取られていた解釈である。したがって，この点について契約実務への影響はないものと考えられる。

また，契約の履行不能であるか否かの基準が明文化されたが，それ自体はこ

4　最判昭和25年10月26日民集4巻10号497頁

れまでの判例・学説を踏まえたものであることから，実務上の変更を直ちにもたらすものではない。しかしながら，契約実務において，明文化された判断基準に照らし，いかなるケースが履行不能に当たるかを想定しておくことは意義があろう。

例えば，ある中古自動車があったとして，その中古自動車に搭載されているエンジンの発する音が特殊で，特定のマニアの間では高額で取引されていた。しかし，その中古自動車は，エンジンを除けばゴミ同然で，むしろ処分費用がかかってしまう代物だとする。A社が，この中古自動車のエンジン部分を取り外して転売するため，中古自動車販売業者Bから当該中古自動車をそのエンジン部分の評価額で購入した。引渡し前に当該自動車のエンジン部分に修理不可能な破損が生じ，走行はできるがエンジン音が変わってしまった場合，AB間において履行不能の解釈が問題となることであろう。

原始的不能の点については，債務不履行による損害賠償がなされうることが明文化されたため，損害賠償の範囲が広がる可能性がある。損害賠償の範囲を信頼利益にとどめるか，履行利益にまで及ぶとするかも含め，契約条項作成において明確化することが重要となろう。

(5)　契約条項例

【履行不能に関する条項】

> 甲は，第○条の引渡しの前に第○条の目的物が破損した場合であっても，その破損によっても目的物が別紙仕様書第○項に記載された性能を有する限り，甲に対し，引渡しをしなければならない。

【原始的不能の場合の損害賠償の範囲を信頼利益に限定する条項】

> 甲は，本契約締結後，第〇条の目的物が本契約締結前の原因により別紙仕様書第〇項に記載された性能を具備しないことが明らかになったときは，本契約を解除することができる。この場合において，乙が甲に対し損害を与えたときは，乙は，甲に対し，本契約締結に要した交通費，宿泊費，通信費，その他本契約締結に要した費用に限り賠償する責任を負う。

4 受領遅滞の効果

(1) 改正のポイント

旧民法413条は，受領遅滞の効果について「遅滞の責任を負う」とだけ規定し，債権者が負う受領遅滞の責任，すなわち受領遅滞の効果の内容は必ずしも明らかにしていない。

この点，債権者の受領遅滞の効果については様々な議論があるところであるが，①債務者は，その履行について注意義務が軽減されること，②受領遅滞のために増加した保管費用その他弁済費用を債権者に請求できること，③受領遅滞中の履行不能の危険が債権者に移転することなどが指摘されていた。新民法は，これらの解釈を明文化した（新民法413条1項および2項）。

なお，従来の判例・学説は，履行遅滞中に，債務者の帰責事由なくしてその履行が不能となった場合の取扱いについて，債務者にその責任を免れさせないものと解釈していた。この点についても，新民法は明文化している（新民法413条の2第1項）。

(2) 契約実務への影響

いずれも従来の判例法理や実務上一般に認められていた効果を明文化したものであるから，契約実務上の影響は限定的であると考えられる。

5 ｜ 過失相殺について

(1) 改正内容

　旧民法418条は，債務不履行の損害賠償について過失相殺を認める規定である。この点について，例えば，債務の履行期前に債権者が転居してこれを債務者に通知せず，債務者もまた債権者の転居先を調査しなかったために履行遅滞が生じた場合だけではなく，いったん債務不履行が生じた後に債権者が転居し，それを債務者に通知しなかったためにその後に損害が生じ，または損害が拡大したような場合をも包含するものとされてきた[5]。

　新民法418条は，この解釈を明文化した。

(2) 契約実務への影響

　裁判所が従来から採用していた過失相殺の方法を踏襲した改正であるから，契約実務上の影響はないものと考える。

6 ｜ 賠償額の予定

(1) 改正のポイント

　旧民法420条1項後段は，損害賠償額が予定された場合に「裁判所は，その額を増減することができない」旨規定している。

　しかしながら，多くの裁判例において，賠償額の予定のうち著しく過大であると認められる部分については信義則等を理由に無効とされていた。例えば，クリーニングの取次店契約解除後の競業避止義務違反について，12か月分の売上高相当額の予定賠償額につき，4か月分相当額を超える部分について公序良俗違反を理由に無効としたものや[6]，過失相殺の法理により債務不履行について

5　大判大正12年10月20日民集2巻596号
6　大阪高判平成10年6月17日判例時報1665号73頁

債権者にも責められるべき点があるとして予定賠償額の3割を減額したものなどがある[7]。

　そこで，新民法は，「増減することができない」とする従前の規定部分を削った。

(2)　実務上の注意点

　契約実務上，賠償額の予定の条項を作成するにあたり，裁判所による増減があり得ることを前提にしなければならないということが明確化された。

(3)　契約条項例

　損害賠償額の予定は，債権者にとっては損害額の立証を不要にすることができ，債務者にとってはリスク判断が容易となる。例えば，債務者の履行を確保するために賠償額を高額に設定することがある。賠償額を低額に設定することで債務者の責任を減免することもある。もっとも，あまりに設定が高額であれば，裁判所により，当該条項が公序良俗違反により無効とされることや，過失相殺の法理等により減免される場合があることに注意が必要である。

　また，損害賠償の予定については，消費者契約法，利息制限法，割賦販売法および特定商取引に関する法律，ならびに独占禁止法および下請代金支払遅延等防止法等の規制があるところ，新民法においてもこれらの点に変更がないため，注意を要する。

【損害賠償額の上限を定める条項】

> 　甲が乙に対して負う損害賠償の額は，○○○円を超えないものとする。

7　東京高判平成9年5月29日判例タイムズ981号164頁

【損害賠償額をあらかじめ一定の額に定める条項】

> 甲が乙に対して負う損害賠償の額は，第○条に基づき甲が乙から支払いを受けた金額を超えないものとする。

【損害賠償請求の期間を制限する条項】

> 甲又は乙は，本契約締結の日から○年以内に限り，第○条による損害の賠償を請求することができる。

7　代償請求権

(1)　改正のポイント

　判例上，履行不能の場合，債権者に代償請求権が認められる場合がある。すなわち，債権者は，債務者が履行不能を生ぜしめたのと同一の原因によって，その目的物の代償と考えられる利益を取得した場合，公平の見地から，債務者に対して当該利益を償還させる権利が認められていた。

　例えば，AがBの土地上に家屋（パチンコ屋）を建てるかわりに，Aがその家屋を1年間使用したらその家屋の所有権をBに移転し，以後はBがAにその家屋を相当賃料で賃貸するという約束をした。ところが，その家屋は完成直後に原因不明の火事で焼失し，Aは火災保険金を受け取り，Bはその家屋所有権の移転を受けることが不能となり，得べかりし利益を喪失したという事案において，BはAに対して，目的物の代償として，Aの受け取った火災保険金の引渡しを求める権利があるとされた[8]。

　しかしながら，旧民法には，そのような債権者の権利についての規定はみられない。

　そこで，新民法は，422条の2を新設し，債務者が債務の履行が不能となっ

8　最判昭和41年12月23日民集20巻10号2211頁

たのと同一の原因により債務の目的物の代償である権利または利益を取得した
ときは，債権者は，債務者が受けた損害の額の限度でその代償の償還を請求で
きるものと規定した。

　目的物の代償である権利または利益は，例えば，第三者に対する損害賠償請
求権や保険金請求権，保険金として受領した金銭等が想定されている。

(2)　契約実務への影響

　代償請求権は，従来から判例上認められている権利であるから，契約実務上
の影響はないと考えられる。しかしながら，民法上明確化された権利である以
上，契約条項上これをどう扱うかの検討を忘れることのないようにしたい。

第6章

契約の解除

　契約の解除とは，解除権を行使することにより，契約を解消させ契約前の状態に戻すことをいう。解除権には，法律の定めに基づき解除権が発生する法定解除と契約の定めに基づき解除権が発生する約定解除の2種類がある（なお，当事者の個別合意により解除権が発生する合意解除も存するが，今回の民法改正に影響を受けるものではないので割愛する）。

　今回の民法の改正で，法定解除の要件が変更される。もっとも，約定解除は，法定解除の要件に倣ってその要件を定めていることが多い。そのため，前提となる法定解除の要件変更に伴い，契約に定められている解除要件の定めについても，改訂の必要があるかを検討するべきである。

実務上のポイント

・帰責事由を不要とした

　　解除は，「債務者の債務不履行責任を追及する制度」から，「債権者を双務契約の拘束力より解放する制度」へと変更された。

　　その結果，解除の要件としての帰責事由は不要となった。

・軽微性の要件（抗弁事由）の追加

　　他方，催告解除について，債務不履行がその契約および取引上の社会通念に照らし軽微であるときは解除権が発生しないとした「軽微性」の要件が追加された。

・催告解除と無催告解除に整理

　　旧民法は，解除について債務不履行の態様に応じて「履行遅滞解除」「定期行為の履行遅滞解除」「履行不能解除」と規定したが，新民法は解除の要件として催告を要するか否かによって「催告解除」と「無催告解除」と整理した。

・果実の返還を規定

　　解除の効果として現物返還を行う場合に，金銭と平仄を合わせ，果実の返還を規定した。

・解除権者の故意行為等による場合の解除権の制限の例外

　　解除権者が解除権を有することを知らなかった場合には解除権が消滅しない旨の但書が新設された。

・危険負担の債権者主義の削除と危険負担の効果変更

　　取引実態に合わないとされた特定物取引の債権者主義の規定は削除された。そして，危険負担を反対債務が消滅させる制度から，反対債務の履行を拒絶できる制度へと変更した。

1　改正のポイント

　旧民法は，解除を「債務者の債務不履行責任を追及する制度」と位置付けていた。そのため，債務不履行解除には債務者の帰責事由を要求した。しかし，新民法は，これを変更し，解除を「債権者を双務契約の拘束力より解放する制度」と位置付けた。

　かかる位置付けの変更により，法定解除の要件が変更となった。主要なポイントは，①解除の要件としての帰責事由の扱いの変更（新民法543条），②軽微な債務不履行について解除事由からの除外（新民法541条但書），③無催告解除の対象の拡大（新民法542条）の3点である。

2　解除要件としての帰責事由の扱いの変更

　旧民法543条但書は，「債務の不履行が債務者の責めに帰することができない事由によるものであるときは，この限りでない」と規定をしており，契約の解除権が発生する要件に，債務の不履行について，債務者の帰責事由が必要であると解釈されていた。しかし，新民法では，この但書が削除され，解除権発生の要件としては，債務者の帰責事由は不要となった。

　解除が，債務者に対する履行責任を追及するものではなく，債権者を双務契約の拘束力から解放することを目的とするものととらえ，その拘束力からの解放の判断に債務者の帰責事由の有無は関係ないという考えに基づくものである。

　他方，新民法では，債務の不履行が債権者の帰責事由によるものであるときは，契約の解除をすることができないとの新たな規定が設けられた（新民法543条）。債権者の帰責事由がある場合の危険負担（新民法536条2項）の要件と平仄を合わせたものである。

3　軽微な債務不履行について解除事由からの除外

　新民法は，催告解除について，催告の「期間を経過した時における債務の不履行がその契約及び取引上の社会通念に照らして軽微であるとき」には，法定

解除権が発生しないと新たに規定した（新民法541条但書）。

　相当期間経過時点での債務の不履行が軽微である場合には，法定解除権は認められないこととなるが，「軽微」であるか否かの判断は，取引通念に照らして，取引ごとに個別に判断されることとなる。

【旧法・新法の解除要件等対照表】

	旧　法	新民法
趣旨	債務不履行責任	債権者を契約拘束力から解放
要件		
①	相当の期間を定めて催告	相当の期間を定めて催告
②	相当の期間内に履行がない	相当の期間内に履行がない
③	解除の意思表示	解除の意思表示
④	履行がないことに，債務者に帰責事由	
抗弁		
①	数量的な僅かである場合や付随的な債務の不履行にすぎない場合（判例法理）	債務の不履行が軽微である

4　無催告解除の対象の拡大

　旧民法では，無催告解除については，定期行為の履行遅滞（旧民法542条）および履行不能（旧民法543条）についてのみ規定をしていた。

　しかし，新民法では，新民法542条において，以下のとおり無催告解除ができる場合を追加した。

　いずれも，債務不履行により契約の目的が達成することができない場合に（目的を達成できない程度に応じて）無催告解除を認めている。

　また，改正の結果，新民法は解除の要件として催告を要するか否かによって「催告解除」と「無催告解除」とに整理されることとなった。

・債務の全部の履行が不能であるとき（同条１項１号）

・債務者が明確に履行を拒絶している場合（同条１項２号）

・一部の履行不能または債務者が明確に一部の履行を拒絶している場合で，残

存する部分のみでは契約目的が達成できない場合（同条1項3号）
・特定の日時または一定の期間に履行しなければ契約目的を達成できない場合
　で，債務者が履行をしないでその時期を経過したとき（同条1項4号）
・債務者がその債務の履行をせず，催告をしても契約目的を達するに足りる履
　行がなされる見込みがないことが明らかであるとき（同条1項5号）

また，今回の改正で，無催告で一部解除できる場合が規定された（同条2項）。

その結果，解除権を行使する際には，まず，「催告解除」によるのか，それとも，「無催告解除」によるのかを検討することとなる。そして，無催告解除による場合，「全部解除」となるのか，それとも，「一部解除」となるのかを検討することとなる。「催告解除」による場合は，軽微性の有無が吟味されることとなる。

整理すると，下の図のとおりとなる。

例えば，100本のジュースを購入したが，90本しかなかった。つまり，『10本のジュースの不履行』があったという事例を検討してみる。

まず，『10本のジュースの不履行』により，当該取引に照らして，「契約目的を達成することができるのか否か」を検討することとなる。『10本のジュースの不履行』により，契約目的が達成できない場合には，次に，契約の目的「全部」が達成できないのか，それとも，契約目的の「一部」が達成できないのか

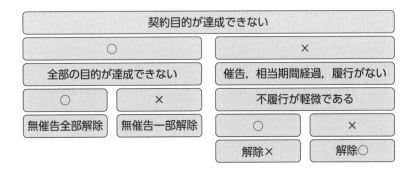

を，検討することとなる。

　目的が達成できない程度に応じて判断し，一部解除か全部解除かということを検討することとなる。

　『10本のジュースの不履行』によっても，契約目的自体は達成できる場合，催告解除を検討することとなる。その際，『10本のジュースの不履行』が，「軽微な不履行」であるのか否を検討することになる。契約目的は達成できるが，軽微の不履行とはいえないと評価できる場合には，契約の全部を解除するという方法をとることができることとなろう。

5 　果実の現物返還

　旧民法は，解除の効果として，原状回復義務と金銭について利息付与を規定していた。今回の改正で，現物返還の場合にも金銭と平仄を合わせ，果実の返還を規定した（新法545条3項）。

　なお，給付目的物の使用利益については，新民法に規定されず，依然として，解釈による判断に委ねられることとなった。

6 　解除権者の故意行為等による解除権の消滅の例外

　旧民法においても，解除権者の故意行為等により，契約の目的物を損傷した場合には解除権が消滅する旨が規定されている（旧民法548条）。

　かかる場合には，解除権を黙示に放棄したと評価できるからである。

　他方，解除権者が自身に解除権を有することを知らなかった場合には，そこに，解除権を放棄する黙示の意思があったと評価することは困難である。また，価額償還を認めれば，解除の相手方をそれほどの不利益な立場に置くことはない。

　そこで，解除権者が解除権を有することを知らなかった場合には解除権が消滅しない旨の但書が新設されることとなった。

7 帰責事由の扱いの変更と危険負担との関係

(1) 解除と危険負担

　危険負担とは，双務契約において，債務者の帰責事由によらず債務が履行不能となった場合に，反対債務が消滅するかという問題をいう。

　旧民法の危険負担において，一方の債務の消滅の危険を，その債務の債務者が引き受ける，いわゆる，債務者主義を採用すると，債務者の帰責事由によらずに債務が履行不能となった場合，反対債務は消滅するという効果が生じる。つまり，旧民法下において，債務者主義を採用すれば，債権者は反対債務から解放されることとなる。

　他方，新民法は解除の要件から帰責事由を不要とした。その結果，双務契約の拘束力より解放されることを望む債権者は，危険負担によらずとも，解除権を行使すればよいということになる。解除することにより反対債務は消滅するからである。そうすると，新民法下において，反対債務からの解放を望む債権者は解除をすれば足り，危険負担の規定は，不要となったように思える。

　しかし，解除は，意思表示の到達が必要であり，意思表示の到達が困難な場合もあり得る。また，履行不能により本来の債務が消滅したような場合には反対債務の履行も消滅するとの考え方が素朴な法感情にも合致する。

　そこで，解除が双務契約の拘束力から債権者を解放する制度として改正されることになったものの，新民法においても，危険負担の規定は残されることとなった。

　新民法においては，解除の規定の変更に応じて，旧民法における危険負担の制度に，大幅な変更を加えているため，主要な変更点を述べる。

(2) 債権者主義の削除

　旧民法534条では，特定物に関する物権の設定移転を目的とする双務契約について債権者主義（債務者に帰責事由のない履行不能の場合には反対債権が消滅しない）の規定が定められていたが，取引実態に整合しないものとして削除

された。

旧民法535条の停止条件付き双務契約における危険負担についても同様に削除された。

⑶　履行拒絶

債務者の帰責事由なく履行不能となった場合でも，債権者は契約を解除することで，反対債権を消滅させることができる。

他方，旧民法の債務者主義の考え方によると，債務者に帰責事由のない履行不能の場合には，反対債権が消滅することとなる。

そうすると，解除により消滅するはずの反対債権が，債務者主義により，既に消滅してしまっているということになってしまう。かかる規定の矛盾を解決するため，「当事者双方の責めに帰することができない事由によって債務を履行することができなくなったときは，債権者は，反対給付の履行を拒むことができる。」として，履行を拒絶することができる旨の規定に改正された（新民法536条1項）。

反対債務の履行不能を主張すれば，債務の消滅の効果を主張できた旧民法とは効果が大きく異なり，新民法下においては，債務の消滅の効果を希望する場合には必ず解除を主張することが必要となった。

⑷　債権者に帰責事由がある場合

債権者の帰責事由により履行不能となった場合については，逆に「債権者は，反対給付の履行を拒むことができない」（新民法536条2項）と規定された。

例えば，建物売買契約において，建物が滅失してしまい，建物の引渡しが履行不能となった場合，新民法によると，買主は，売主からの代金の支払請求を拒絶するという方法か，建物引渡しの履行不能（無催告解除）として当該売買契約を解除するという方法の2つを選択することができるようになる。

買主が代金の支払いを拒絶するという方法をとった場合には，買主は反対債務の履行不能，すなわち，「建物の滅失」のみを主張すればよいということに

なる。これに対し，売主は，建物滅失が買主に帰責される事由を抗弁として反論することとなる。

　他方，買主が，自らの代金支払債務の消滅を望み，解除という方法を採用した場合には，「建物の滅失」のみならず，「解除の意思表示の到達」の事実の主張も必要となる。これに対し，売主は，危険負担の際と同様に，建物滅失が買主に帰責される事由を抗弁として反論することとなる。

【解除・危険負担要件効果比較表（全部不能の場合）】

	解　除	危険負担
要件		
①	債務が履行不能	債務が履行不能
②	解除の意思表示	
効果	反対給付債務消滅	反対給付債務の履行拒絶
※		
抗弁事由	債権者に帰責事由 解除権発生しない（新民法543条）	債権者に帰責事由 履行拒絶不可（新民法536条Ⅱ）
債務者に帰責事由	解除権○ （別途，債務不履行による損害賠償責任）	反対給付債務の履行拒絶○ （別途，債務不履行による損害賠償責任）

8　解除の要件としての帰責事由の扱いの変更にかかる実務対応

(1)　債務者の帰責事由

　現在の約定解除条項が債務者の帰責事由を要件としている場合には，法定解除によるより，約定解除による方が，解除しにくいという事態が起きることが想定される。

　個別の取引実態に即しての判断となるが，債務者の帰責事由は不要となるような条項の変更を検討する必要があろう。

　他方，不履行部分が数量的に僅かである場合など軽微な不履行の場合には，判例により解除権が発生しないとされていた[1]。

　しかし，旧民法が軽微な不履行を解除の発生障害要件として特段定めていなかったことから，現在の約定解除条項は，軽微な不履行の扱いについて何らの言及がないものが大多数であると思われる。

　また，新民法における「軽微」に当たるか否かは基準が不明確であり，契約の解除の可否について争いが生じた場合に，不履行が軽微に当たるか否かが問題となるケースが今後出てくることが予想される。

　そのため，約定解除条項の改訂では，解除の対象となる事由について争いが生じないよう具体的に明示することを検討するとよい。

　ただし，契約の軽微な不履行を容認するような条項を規定することは考えにくいことから，実際のところ，解除の対象となる具体的な事由は，「契約目的を達成できないような事由」を列挙することとなるであろう。

　その上で，新民法541条但書の規定を排除し，軽微な不履行についても解除権が発生する旨を明示することも考えられる。

【債務者の帰責事由を要件としている条項】

> 　甲及び乙は，相手方が故意または過失により，本契約の定めに違反したときは，何らの催告を要せず本契約を解除することができる。

【債務者の帰責事由を要件としない条項】

> 　甲及び乙は，相手方が本契約の定めに違反したときは，何らの催告を要せず本契約を解除することができる。

1　最判昭和36年11月21日民集15巻10号2507頁

【軽微について言及をしている条項】

> 甲及び乙は，相手方が本契約の定めに違反し，その是正を相手方に対し催告したにもかかわらず，14日以内にその違反が是正されない場合には，<u>その違反が軽微であるか否かを問わず</u>，本契約を解除することができる。

(2) 債権者の帰責事由

旧民法は，債権者の帰責事由を解除の発生障害として定めていなかった。そのため，現在の約定解除の条項は，債権者の帰責事由について何らの言及がないものが大多数であると思われる。

しかし，新民法が解除の発生障害要件として，新たに債権者の帰責事由を設けた（新法543条）。

現行の約定解除条項の有効性について疑義をなくすために，債権者の帰責事由を解除障害要件とするかについて明示的に規定しておいた方が無難であると考えられる。

【従来の条項】

> 甲及び乙は，相手方が次の各号のいずれか1つに該当したときは，何らの催告を要せず本契約を解除することができる。
> (1) …
> (2) …

【債権者の帰責事由に言及をしている条項】

> 甲及び乙は，相手方が次の各号のいずれか1つに該当したときは，<u>甲及び乙の責めに帰すべき事由によるものであるか否かにかかわらず</u>，何らの催告を要せず本契約を解除することができる。
> (1) …

(2) …

(3) 危険負担との関係

新民法は，解除の要件としての帰責事由の扱いを変更したことによる旧民法の危険負担制度との矛盾を解消するために，危険負担制度についても大幅な変更を加えている。

そのため，契約に危険負担条項を定めている場合には，新民法を前提とする危険負担条項になっているか等改訂の必要性を検討するべきである。

なお，新民法の危険負担の効果が履行拒絶へと変更された。そのため，従前どおり，反対債務の消滅を希望する場合には，その旨を規定することが必要となる。その際には，反対債務が消滅している以上，解除することはできなくなるので，留意を要する。

そこで，反対債務からの解放ということを解除により統一的に理解できるように条項を規定することをお勧めする。

【従来の条項】

甲又は乙の責めによらない事由により，目的物が滅失又は棄損した場合には，一切の損害は甲の負担とする。

【反対債務からの解放を解除により統一的に理解する条項】

甲又は乙の責めによらない事由により，目的物が滅失又は棄損し場合には，同時に，即時に，本件契約を解除したものとみなす。

9 無催告解除の対象の拡大

新民法では，旧民法と比べて無催告解除の範囲が拡大されている。

　しかし，約定解除条項では，従前より無催告解除の範囲を拡大していることが大多数であり，無催告解除の規定については基本的にそのまま維持で問題はないと思われる。

　もっとも，無催告解除の規定を確認し，約定解除条項における無催告解除の範囲が，新民法の無催告解除の範囲より狭くなっていないかは確認をしておくべきである。

　以上を踏まえた契約解除に関する条項例は次のとおりである。

　甲及び乙は，相手方が次の各号のいずれか1つに該当したときは，甲及び乙の責めに帰すべき事由によるものであるか否かにかかわらず，何らの催告を要せず本契約を解除することができる。

(1)　相手方が本契約の定めに違反し，その是正を相手方に対し催告したにもかかわらず，14日以内にその違反が軽微であるか否かを問わず是正されないとき

(2)　相手方が本契約の定めに違反し，前号の催告をしても契約をした目的を達するのに足りる履行がされる見込みがないことが明らかであるとき

(3)　監督官庁より営業の取消し，営業停止等の処分を受けたとき

(4)　支払停止又は支払不能の状況に陥ったとき

(5)　自ら振り出し又は引き受けた手形若しくは小切手が不渡りとなったとき

(6)　第三者により強制執行を受けたとき

(7)　税金の滞納処分を受けたとき

(8)　破産手続，民事再生手続，会社更生手続又は特別清算の各開始の申立てを自らしたとき又は第三者から各開始の申立てを受けたとき

(9)　事業を停止したとき，又は解散の決議をしたとき

(10)　資産，信用状態が悪化し，本契約上の債務の履行が困難になるおそれがあると認められるとき

(11)　その他，本契約を継続し難い重大な事由が生じたとき

第7章

消滅時効

消滅時効とは，権利が行使されない状態が継続した場合に，その権利の消滅を認める制度である。時効制度としては，消滅時効のほかに取得時効があるが，新民法で大きく制度内容が変わるのは消滅時効である。

実務上のポイント

- ・時効期間が変更される。
- ・生命・身体の侵害による損害賠償請求権の時効期間が長期化し，不法行為に基づく損害賠償請求権の20年の期間が除斥期間ではなく時効期間となる。
- ・時効障害事由の用語が変更され，新たな考え方に基づいて整理される。
- ・消滅時効の援用権者に関する判例法理が一部明確化される。
- ・いつから，どのような場合に，新民法の消滅時効のルールが適用されるのか，経過措置に注意する。

1　消滅時効期間の変更および二重期間化

　短期消滅時効（旧民法170条から174条）や商事消滅時効（旧商法522条本文）は廃止され，一般の債権の原則的な消滅時効期間は，権利を<u>行使することができることを知った時から5年間</u>（新民法166条1項1号），権利を<u>行使することができる時から10年間</u>（同2号）というように変更される。

(1)　改正のポイント

　旧民法における一般の債権の原則的な消滅時効期間は，権利を行使することができる時から10年間である（旧民法166条1項，167条1項）。しかし，短期消滅時効（旧民法170条から174条）や商事消滅時効（旧商法522条本文）など，複数の例外があり，ある権利にどの時効期間が適用されるのか複雑でわかりにくかった。しかも，その期間の区別の合理性にも疑義があった。

　そこで，新民法では，短期消滅時効（旧民法170条から174条）は廃止されることになった。また，今回の民法改正に伴い，商事消滅時効（旧商法522条）も廃止されることになった。これにより，債権の種類による差異はなくなり，債権の原則的な消滅時効期間は，次のように変更される。すなわち，新民法166条1項は，「債権は，次に掲げる場合には，時効によって消滅する」とし，次に掲げる場合として，ⅰ）「債権者が権利を<u>行使することができることを知った時から5年間行使しないとき</u>」（1号）と，ⅱ）「権利を<u>行使することができる時から10年間行使しないとき</u>」（2号）の2つを規定する。これは，旧民法の客観的起算点からの消滅時効期間（2号）に加えて主観的な起算点からの消滅時効期間（1号）を導入するものであり，一般の債権の消滅時効期間は二重期間化し，ⅰ）とⅱ）のどちらかの期間が経過すれば消滅時効の完成が認められることになる。

	旧民法	新民法
期間	債権の種類による差異あり 　一般の債権　　10年間 　短期債権　　1～3年間 　商事債権　　　5年間	債権の種類による差異なし 　主観的起算点　5年間 　客観的起算点　10年間
起算点	「権利を<u>行使することができる時</u>」	主観的起算点 　「権利を<u>行使することができるこ</u> 　<u>とを知った時</u>」 客観的起算点 　「権利を<u>行使することができる時</u>」

　「権利を行使することができる時」とは，新民法においても，旧民法における解釈がそのまま妥当し，権利の行使につき法律上の障害がなく，さらに権利の性質上，行使を現実に期待することができることをいうと考えられる[1]。一方，「権利を行使することができることを知った時」とは，旧民法724条の解釈を参考に，債権の発生，履行期の到来および債務者を現実に（権利行使が事実上可能な程度に）認識した時をいうと考えられる[2]。

(2)　実務上の注意点

　企業間の取引に限れば，その契約関係に基づく債権は，旧民法においても5年間の商事消滅時効の特則が適用されるものがほとんどである。また，新民法においても5年間の主観的起算点は債務の履行期の到来と一致することが通常である。そのため，債権管理の実務において，改正による影響を事実上受けない部分もある。

　しかし，企業が有する債権には，契約関係に基づかないものや，旧民法において商事消滅時効の特則が適用されないものもある。そういった債権については，改正により消滅時効期間や起算点が大きく変更されるため，債権管理の実

1　最大判昭和45年7月15日民集24巻7号771頁，最判平成8年3月5日民集50巻3号383頁，最判平成21年1月22日民集63巻1号247頁など
2　最判昭和48年11月16日民集27巻1374頁参照

務を見直す必要がある。

　新民法においては，以下の4つの場合に分けられることに注意すべきである。

①　主観的起算点と客観的起算点が同時の場合【Case1】

　事業用機械の製造・販売業を営むA社が，B社に対して，2030年2月1日，機械αを代金3,000万円で売却し，代金の支払いは同年3月31日に行うことになった。この場合，A社のB社に対する3,000万円の売買代金支払請求権（X債権）の消滅時効が完成するのはいつか。

　X債権は履行期が到来すれば行使できるから，X債権の消滅時効の客観的起算点は，2030年4月1日である（新民法140条本文により初日不算入[3]）。一方，A社が，履行期が到来すればX債権をB社に対して行使できることを認識しているといえるから，X債権の消滅時効の主観的起算点は，上記と同じく2030年4月1日である。主観的起算点からの消滅時効は5年後の2035年3月31日を経過すれば完成するのに対し，客観的起算点からの消滅時効は10年後の2040年3月31日を経過しなければ完成しないから，先に期間が経過するのは主観的起算点からの消滅時効期間である。

　したがって，2030年4月1日から5年後の2035年3月31日が経過すれば，新民法166条1項1号によりX債権の消滅時効が完成する。

②　主観的起算点が客観的起算点から5年以内の場合【Case2】

　引越し業者Cは，Dの依頼により，2030年3月31日，新居への引越し作業を行った。作業自体は無事に終了したが，C従業員Eが，作業中に不注意でD所有の陶器β（時価300万円）を割ってしまい，Dに見つからないように新居の天井裏に隠していた。3年後の2033年3月31日，Dは，自宅の天井裏から割れたβを発見し，Eがβを割ったことを知った。この場合，DのCに対する付随義務（引越し作業時にDの財産を侵害しないよう注意する義

3　大判昭和6年6月9日新聞3292号14頁，最判昭和57年10月19日民集36巻10号2163頁

務，債務不履行構成）違反に基づく損害賠償請求権（Y債権）の消滅時効が
完成するのはいつか。

　Y債権はCの付随義務違反があった時に発生し行使できるようになるから，
Y債権の消滅時効の客観的起算点は，2030年4月1日である（新民法140条本
文により初日不算入）。一方，Dは，2033年3月31日になって，Eがβを割っ
た事実，すなわちCによる付随義務違反の事実を知り，Y債権の発生，履行の
到来および債務者であるCの存在を認識したといえる。したがって，Y債権の
消滅時効の主観的起算点は，2033年4月1日である。主観的起算点からの消滅
時効は5年後の2038年3月31日を経過すれば完成するのに対し，客観的起算点
からの消滅時効は10年後の2040年3月31日を経過しなければ完成しないから，
先に期間が経過するのは主観的起算点からの消滅時効期間である。
　したがって，2033年4月1日から5年後の2038年3月31日が経過すれば，新
民法166条1項1号によりY債権の消滅時効が完成する。

③　主観的起算点が客観的起算点から5年後の場合【Case3】

　【Case2】の場合において，Dが割れた陶器を発見したのが7年後の2037
年3月31日であった場合はどうか。

　この場合，Y債権の消滅時効の主観的起算点は，2037年4月1日である（新
民法140条本文により初日不算入）。主観的起算点からの消滅時効は5年後の
2042年3月31日を経過しなければ完成しないのに対し，客観的起算点からの消
滅時効は10年後の2040年3月31日を経過すれば完成するから，先に期間が経過
するのは客観的起算点からの消滅時効期間である。
　したがって，2030年4月1日から10年後の2040年3月31日が経過すれば，新
民法166条1項2号によりY債権の消滅時効が完成する。

④ 主観的起算点が到来しない場合【Case4】

> 【Case2】の場合において，Dが割れた陶器を発見せずに10年が経過して
> しまった場合はどうか。

　この場合，Eがβを割った事実，すなわちCによる付随義務違反の事実をD
が知ることがないまま10年が経過している。この場合，主観的起算点は到来し
ないため，主観的起算点からの消滅時効は問題とならず，客観的起算点からの
消滅時効のみが問題となる。

　したがって，2030年4月1日から10年後の2040年3月31日が経過すれば，新
民法166条1項2号によりY債権の消滅時効が完成する。

⑶ 経過措置

　「施行日前」に債権が生じた場合におけるその債権の消滅時効の期間につい
ては，なお従前の例によるとされる（附則10条4項）。したがって，「施行日前」
に生じた債権には旧民法の，「施行日後」に生じた債権には新民法の消滅時効
の期間に関するルールが適用される。

　なお，附則10条1項は，そのかっこ書において，「施行日前に債権が生じた
場合」には，「施行日以後に債権が生じた場合であって，その原因である法律
行為が施行日前にされたときを含む。以下同じ。」と規定している。したがっ
て，附則10条4項の「施行日前に債権が生じた場合」にも，「施行日以後に債
権が生じた場合であって，その原因である法律行為が施行日前にされたとき」
が含まれる。

　また，商行為に基づく債権の時効期間についても，「施行日前」にされた商
行為によって生じた債権の消滅時効の期間については，なお従前の例によると
される（民法の一部を改正する法律の施行に伴う関係法律の整備等に関する法律4
条7項）。

① 【Case5】

> Fは，Gに対し，2020年3月1日，返済期を2021年2月末日として，500万円を貸し付けた。その際，HがGの委託を受けて，GのFに対する貸金返還債務を連帯保証した。返済期にGがFに対し500万円を返済しなかったので，Hは，Fの請求を受けて，連帯保証債務の履行として，2021年3月1日，Fに対し，500万円を支払った。
>
> この場合，2021年3月1日に発生したHのGに対する500万円の求償権（Z債権）については，旧民法と新民法のどちらの消滅時効の期間に関するルールが適用されるか。

新民法の施行日は2020年4月1日であり，Z債権は，施行日後である2021年3月1日に生じている。もっとも，Z債権の発生原因である法律行為，すなわちGの委託に基づくFとHの間で締結された連帯保証契約（旧民法446条，454条）は，施行日前である2020年3月1日に締結されている。そうすると，Z債権については，附則10条4項により，旧民法の消滅時効の期間に関するルールが適用されることになると考えられる。

② 【Case6】

> Iは，Jとの間で，2020年3月1日，絵画γを300万円でJに売却する旨の売買契約を締結した。同契約では，γは，2か月後の同年4月末日に代金と引換えに引き渡すこととされた。しかし，同年4月15日，Iの過失によりγを保管していた倉庫が火事になり，γは焼失してしまった。
>
> この場合，JのIに対するγの引渡請求権（P債権）が履行不能により転化した債務不履行に基づく損害賠償請求権（Q債権）については，旧民法と新民法のどちらの消滅時効のルールが適用されるか。

新民法の施行日は2020年4月1日であり，Q債権は，施行日後である同年4月15日に生じている（P債権からQ債権に転化している）。もっとも，Q債権に転化する前のP債権の発生原因である法律行為，すなわちIとJとの間で締

結されたγの売買契約（旧民法555条）は，施行日前である同年3月1日に締結
されている。そうすると，Q債権については，附則10条4項により，旧民法の
消滅時効の期間に関するルールが適用されることになると考えられる。

2 生命・身体侵害の場合の特則と時効期間への変更

　法律構成（債務不履行・不法行為）を問わず，生命・身体の侵害による損害
賠償請求権の時効期間を長期化する特則が新設される（新民法167条，724条の
2）。また，旧民法で除斥期間と解されていた不法行為に基づく損害賠償請求
権の20年の期間が，時効期間であることが明文化される（新民法724条）。

(1)　改正のポイント

　旧民法では，重要な法益である生命・身体の侵害による損害賠償請求権の時
効期間の特則がなかった。また，不法行為に基づく損害賠償請求権の20年の期
間（旧民法724条後段）は判例上除斥期間と解されていた[4]ため，この期間が経
過すると権利が行使できないという不都合があった。

　そこで，人の生命・身体の侵害による損害賠償請求権の消滅時効期間は，法
律構成（債務不履行構成・不法行為構成）にかかわらず，主観的起算点からの
消滅時効期間は5年間，客観的起算点からの消滅時効期間は20年間と変更され
る（新民法167条，724条の2）。また，不法行為に基づく損害賠償請求権は，主
観的起算点からの消滅時効期間が3年間というのは変わらないが，20年の期間
が除斥期間ではなく客観的起算点からの消滅時効期間となる（新民法724条1項
2号）。

　なお，今回の改正に合わせて，製造物責任法においても，人の生命または身
体の侵害による損害賠償請求権の主観的起算点からの消滅時効期間が，従前の
3年間から5年間に変更される（民法の一部を改正する法律の施行に伴う関係法
律の整備等に関する法律96条）。

4　最判平成1年12月21日民集43巻12号2209頁

(2)　実務上の注意点

　企業間の契約関係においても，人の生命・身体が侵害される場合がある。例えば，企業が労働者に対する安全配慮義務を怠って労働者が死亡・怪我をした場合や，企業が販売した商品により購入者に健康被害が生じた場合などである。このような場合，労働者や購入者は，企業に対し，債務不履行ないし不法行為に基づく損害賠償請求権を取得する。改正後は，その主観的起算点からの消滅時効期間は5年間，客観的起算点からの消滅時効期間は20年間となる。

　このような時効期間の長期化により，企業が消滅時効により人の生命・身体に基づく損害賠償義務を免れることができる場合は少なくなると考えられる。

(3)　経過措置

　不法行為に関する生命・身体侵害の場合の特則（新民法724条の2）は，不法行為による損害賠償請求権の旧民法724条前段に規定する3年の時効が新民法の施行日に既に完成していた場合には，適用されない（附則35条2項）。

　また，不法行為に基づく損害賠償請求権の20年の期間の制限については，旧民法724条後段に規定する20年の期間が新民法の施行日に既に経過していた場合には，なお従前の例によるとされる（附則35条1項）。

3　時効障害事由の変更・整理

　時効障害事由に関する用語が，時効の「中断」から「更新」に，「停止」が「完成猶予」に変更される。また，権利者が権利行使の意思を明らかにした場合は時効の完成が猶予され，権利の存在について確証が得られたと評価できる場合は時効が更新されるという考え方に基づいて，時効障害事由が整理される。

(1)　改正のポイント

　旧民法では，時効障害事由（時効の進行や完成を妨げる事由）として，中断

と停止という２つの制度が定められていた。中断とは，時効進行中に時効の基礎となる事実状態の継続が破られたことを理由に，それまでに進行してきた時効期間を時効完成にとって全く無意味なものにする制度である。一方，停止とは，時効が完成すべき時に，権利者による時効中断を不可能または著しく困難にすると考えられる事情がある場合に，その事情の消滅後一定期間が経過するまで時効の完成を延期する制度である。

　中断という制度については，次のような問題点が指摘されていた。まず，中断という名称は，一時的に時効の進行が止まることを意味するとの誤解を生じさせかねない。また，時効の中断事由（旧民法147条）のうち請求（同条１号）や差押え等（同条２号）については，訴えの提起等の手続の申立て等によって時効が中断された後，その手続が途中で終了した場合には，遡って中断の効力が生じないとされる（旧民法149条から152条，154条）が，このような仕組みは複雑でわかりにくい。さらに，判例上認められている裁判上の催告[5]が法文からは読み取れず，その範囲も不明確である。

　そこで，新民法では，時効障害事由に関する用語が，時効の「中断」から「更新」に，「停止」が「完成猶予」に変更される。また，権利者が権利行使の意思を明らかにした場合は時効の完成が猶予され，権利の存在について確証が得られたと評価できる場合は時効が更新されるという考え方に基づいて，以下のとおり，時効障害事由が整理される（なお，時効の完成猶予または更新の効力が及ぶ者の範囲も整理されている（新民法153条，154条））。

①　裁判上の請求等に関する時効障害事由（新民法147条）

　新民法147条１項は，裁判上の請求（１号），支払督促（２号），和解・調停（３号），破産・再生・更生手続参加（４号）といった事由がある場合に，その事由が終了するまでの間時効の完成が猶予されると規定する。なお，同項柱書かっこ書は，確定判決または確定判決と同一の効力を有するものにより権利が確定することなくその事由が終了した場合，その終了の時から６か月を経過するまで時効の完成が猶予されると規定する。これは，旧民法下における裁判上

5　破産手続参加をしたが，破産申立てが取り下げられた場合につき，最判昭和45年９月10日民集24巻10号1389号

の催告に関する判例法理[6]の明文化である。

　同条2項は，確定判決等によって権利が確定したことにより時効が更新されると規定する。確定判決等により確定した権利の新たな時効期間は，10年となる（新民法169条1項）。

②　強制執行等に関する時効障害事由（新民法148条）

　新民法148条1項は，強制執行（1号），担保権の実行（2号），担保権の実行としての競売の例による競売（3号），財産開示手続（4号）といった事由がある場合に，その事由が終了するまでの間時効の完成が猶予されると規定する。なお，同項柱書かっこ書の意味は，新民法147条1項柱書かっこ書と同様である。そして，同条2項は，1項に掲げる各事由があった場合に権利の満足に至らなかったときは，それらの事由が終了したときから時効が更新されると規定する。もっとも，申立ての取下げ等によってその事由が終了した場合には，時効は更新されない（同項但書）。

③　仮差押え等に関する時効障害事由（新民法149条）

　新民法149条は，仮差押え（1号），仮処分（2号）といった事由がある場合に，その事由が終了した時から6か月を経過するまでの間時効の完成が猶予されると規定する。旧民法147条2号は仮差押え等を時効の中断事由としていたが，新民法149条は保全手続の暫定性を理由として完成猶予事由としている。

④　催告に関する時効障害事由（新民法150条）

　新民法150条1項は，催告があった場合，その時から6か月を経過するまでの間時効の完成が猶予されると規定する。同条2項は，催告の繰り返しによる時効完成の引き延ばしを防ぐための規定である。

⑤　協議を行う旨の合意に関する時効障害事由（新民法151条）

　新民法151条において，協議を行う旨の合意による時効の完成猶予の制度が

6　最判昭和45年9月10日民集24巻10号1389号など

新設された。協議を行う旨の合意による時効の完成猶予とは，債権者と債務者との間で具体的な債権債務関係に争いが生じた後に，書面または電磁的記録（電子メールを含む）によって権利について協議を行う旨合意された場合に，一定期間時効の完成が猶予されるという制度である。権利についての協議を行う旨の合意が書面でされたときは，協議を行う旨の合意があった場合にはその合意があった時から1年を経過した時（同条1項1号），1年未満の協議期間を定めたときはその期間を経過した時（同項2号），協議の続行を拒絶する旨の通知が書面でされたときはその通知の時から6か月を経過した時のいずれか早い時までの間時効の完成が猶予される。協議を行う旨の合意に基づく消滅時効の完成猶予期間中の再度の合意により，さらに猶予期間を延長できる（新民法151条2項本文）。ただし，再度の合意による効力は，時効の完成が猶予されなかったとすれば時効が完成すべき時から通じて5年を超えることができない（同項但書）。

　催告により消滅時効の完成が猶予されている間になされた協議を行う旨の合意には，時効の完成猶予の効力はない。協議を行う旨の合意により消滅時効の完成が猶予されている間になされた催告についても，同様である（新民法151条3項）。

⑥　承認に関する時効障害事由（新民法152条）

　新民法152条1項は，権利の承認により時効が更新されると規定する。同項2項は，旧民法156条と同内容である。

⑦　天災等に関する時効障害事由（新民法161条）

　新民法161条は，時効期間の満了時に天災その他避けることができない事変のため裁判上の請求等または強制執行等の手続を行うことができない場合に，その障害が消滅した時から3か月を経過するまでの間時効の完成が猶予されると規定する。旧民法と比べて，期間が2週間から3か月に延長されている。

　今回の改正点を一覧にまとめると，次のようになる。

条　文	完成猶予事由	更新事由
裁判上の請求等 新民法147条	次の①から④の事由が終了するまで，時効の完成が猶予される（1項）。 　　①裁判上の請求 　　②支払督促 　　③和解・調停 　　④破産・再生・更生手続参加 　確定判決等により権利が確定することなくその事由が終了した場合，①から④の事由の終了の時から6か月を経過するまで時効の完成が猶予される（1項かっこ書）。	確定判決等による権利確定の場合，左の①から④の事由の終了時から，新たな時効の進行が始まる（2項）。 　確定判決等により確定した権利の新たな時効期間は，10年となる（新民法169条1項）。
強制執行等 新民法148条	次の①から④の事由が終了するまで，時効の完成が猶予される（1項）。 　　①強制執行 　　②担保権の実行 　　③担保権の実行としての競売の例による競売 　　④財産開示手続 　申立ての取下げ等により①から④の事由が終了したの場合，その終了時から6か月を経過するまで時効の完成が猶予される（1項かっこ書）。	左の①から②の事由の終了時から，新たな時効の進行が始まる（2項）。
仮差押え等 新民法149条	次の①，②の事由が終了したときから6か月を経過するまで，時効の完成が猶予される。 　　①仮差押え 　　②仮処分	
催告 新民法150条	催告があったときは，その時から6か月を経過するまで，時効の完成が猶予される（1項）。催告	

	による時効完成猶予中の再度の催告に，時効完成猶予の効力はない（2項）。	
協議を行う旨の合意 新民法151条	次の①から③のいずれかを経過するまで，時効の完成が猶予される（1項）。 　①合意があった時から1年 　②当事者が定めた1年未満の協議期間 　③当事者の一方による協議続行を拒絶する旨の通知が書面でされた時から6か月 　再度の協議の合意により，最長5年間時効の完成が猶予される（2項）。 　催告により消滅時効の完成が猶予されている間になされた協議を行う旨の合意や，協議を行う旨の合意により消滅時効の完成が猶予されている間になされた催告には，時効完成猶予の効力はない（3項）。	
承認 新民法152条		権利の承認があったときから，新たな時効の進行が始まる（1項）。
天災等 新民法161条	天災等の障害が消滅した時から3か月を経過するまでの間時効の完成が猶予される。	

(2)　実務上の注意点

　仮差押えおよび仮処分について，旧民法では時効の中断事由であった（旧民法147条2号）が，新民法では時効の完成猶予事由になっている（新民法149条）

ことに注意が必要である。

　また，新たな制度である協議を行う旨の合意の導入により，一般に時効の完成猶予および更新の効力が認められていないADR（裁判外紛争処理手続）の進行中に債務者と合意することによって，時効の完成を防ぐことが可能となった。また，債務者との関係悪化を防ぐために債務者に対する訴訟提起等を避けつつ，催告による6か月より長い期間にわたり消滅時効の完成を猶予しておき，その間に争いの解決を図ることが可能となった。例えば，次のような利用方法が想定される。

③ 【Case7】

> 　Kは，Lに対して，2040年3月31日に5年の主観的起算点からの消滅時効期間が満了する500万円の売掛金債権（R債権）を有していた。Kは，Lに対して，同年2月5日，電子メールで連絡をして，R債権の支払いに関して問い合わせをした。
>
> 　これに対し，Lは，Kに対し，同日，資金繰りが厳しく即弁済というのは難しいが，誠実に協議の上対応したいと電子メールで返信した。
>
> 　Kは，Lの申入れに応じて，翌6日，R債権の支払いに関する協議に応じると電子メールで返信した。

　この場合，KL間の電子メールのやりとりによる協議を行う旨の合意は，書面に代わる電磁的記録による合意に該当する（新民法151条4項）。したがって，新民法151条1項1号により，2040年2月7日から（新民法140条本文により初日不算入）1年後の2041年2月6日が経過するまでの間は，R債権の消滅時効の完成が猶予される。

　債務者との取引関係を維持したい場合には，この協議を行う旨の合意による時効完成の猶予の制度は，有用であると考えられる。しかし，実際にどこまで有用といえるかは，ケースバイケースで判断するしかないと考えられる。

(3) 経過措置

施行日前に旧民法147条に規定する時効の中断の事由または旧民法158条から161条までに規定する時効の停止の事由が生じた場合におけるこれらの事由の効力については，なお従前の例による（附則10条2項）とされる。したがって，施行日前は旧民法の，施行日後は新民法の時効障害事由に関するルールが適用される。

なお，新民法151条の規定は，施行日前に権利についての協議を行う旨の合意が書面でなされた場合におけるその合意については，適用されない（附則10条3項）。

4　消滅時効の援用権者に関する判例法理の一部明文化

旧民法の「当事者」という文言に「消滅時効にあっては，保証人，物上保証人，第三取得者その他権利の消滅について正当な利益を有する者を含む。」という文言が付加された（新民法145条）。

(1) 改正のポイント

旧民法145条では，時効の援用権者について条文上は「当事者」とだけ定められており，誰が援用権者に該当するかは解釈に委ねられていた。判例は，「当事者」とは，権利の消滅により直接に利益を受けるべき者をいうと解していた[7]。

新民法145条は，「当事者（消滅時効にあっては，保証人，物上保証人，第三取得者その他権利の消滅について正当な利益を有する者を含む。）」と規定し，消滅時効の援用権者である「当事者」に，旧民法の下で判例上「第三者」に含まれるかどうか問題となった一定の第三者が含まれることを明示した。一方，新民法においては，旧民法と異なり，連帯債務者が「当事者」に該当しなく

7　大判昭和7年6月21日民集11巻1186号，最判昭和48年12月14日民集27巻11号1586頁など

なったことに注意が必要である。これは，旧民法439条が削除され，新民法において連帯債務者の1人についての時効の完成は絶対的効力事由から相対的効力事由となった（新民法441条）ため，連帯債務者の1人について時効が完成しても他の連帯債務者はそれによって利益を受けないからである。

(2)　実務上の注意点

消滅時効に関し，旧民法における時効の援用権者の判例法理を一部明文化したものであるから，以上の改正点は，企業法務の実務上大きな影響はないと考えられる。

(3)　経過措置

「施行日前」に債権が生じた場合（施行日以後に債権が生じた場合であって，その原因である法律行為が施行日前にされたときを含む）におけるその債権の消滅時効の援用については，新民法145条の規定にかかわらず，なお従前の例による（附則10条1項）。

　もっとも，前述のとおり，時効の援用権者に関する改正は，旧民法における時効の援用権者の判例法理を一部明文化したものであるから，改正前と改正後で実質的に取扱いが変わることはなく，この点に関する経過措置については，特に注意する必要はない。

第8章

動産売買契約

　本章では，新民法下における動産売買契約の目的物が契約内容に不適合であったときの当事者間の権利義務関係および新民法が契約書に与える影響について解説する。一口に契約不適合といっても，①種類の不適合，②品質の不適合，③数量の不適合，④権利の不適合があるが，旧民法と新民法では，これらの不適合がある場合に買主に与えられる権利の内容が異なっている。

　以下では，まず，売買契約当事者間の権利義務関係ついて，新民法が旧民法と異なっているポイントおよびその内容を紹介する。次に，買主が権利をどのように行使し，それに対して売主がどのように反論するか，具体的事例をもとに解説する。

　最後に，旧民法下での動産売買契約書のひな型が新民法下でどのように影響を受けるのか解説する。

実務上のポイント

- 売主は，売買契約の目的物の種類・品質・数量について，売買契約の内容に適合している物を買主に引き渡す義務を負うこととなった。
- 種類の不適合，品質の不適合，数量の不適合および権利の不適合の場合に，買主に付与される救済措置に関して統一的に規律されることとなった。ただし，責任追及の期間制限および競売の目的物が契約不適合である場合の規律は，種類・品質の不適合と数量・権利の不適合とで規律の内容が異なる。
- 種類の不適合，品質の不適合および数量の不適合の場合に，買主に追完請求権が認められることとなった。
- 種類の不適合，品質の不適合および数量の不適合の場合に，買主に代金減額請求権が認められることとなった。
- 売主から，種類・品質または数量に関して契約の内容に適合しない物を引き渡された買主が損害賠償請求および解除権を行使するにあたっては，債務不履行の一般原則が適用されることとなった。
- 売主の担保責任の規定が全面的に見直されたことに伴い，競売における担保責任の規定も整理された。

---

1 改正のポイント

(1) 売主の義務

　新民法では，売主は，売買契約の目的物の種類・品質・数量について，売買契約の内容に適合している物を買主に引き渡す義務を負うこととなった。

　旧民法では，特定物売買[1]の売主の義務内容の理解に争いがあり，特定物の性質は契約内容にならず，売主は，契約内容に適合した特定物を引き渡す義務を負わないとする見解（法定責任説）もあれば，特定物であっても，売主は，契約内容に適合した物を引き渡す義務を負うとする見解（契約責任説）もあり，

1　特定物とは，不動産や美術品のように，その物の個性に着目して引渡しの対象とされた物のことを指し，特定物か不特定物かは，当事者の意思によって決まる。

判例の立場も必ずしも一貫した理解が容易ではなかった[2]。このような学説・判例の理解が様々な状況はまさしく百花繚乱であったといえる[3]。

　この点，新民法により，売主は，売買契約の内容に適合している物を買主に引き渡す義務を負うことが明確になったことで，学説の整理・判例の理解がより進むことが期待できる。

(2)　目的物が契約内容に適合しない場合に買主に付与される救済措置

　新民法では，種類の不適合，品質の不適合，数量の不適合および権利の不適合の場合に，買主に付与される救済措置に関して，統一的に規律されることになった（新民法562条，563条，564条，565条）。

　そして，買主が，契約不適合を理由に，売主に対して責任追及できる期間は，①種類・品質の不適合と②数量・権利の不適合とで異なる。①種類・品質の不適合については，引渡し後，買主がその不適合を知った時から1年以内にその旨を売主に通知する必要があるが（新民法566条，短期期間制限の特則），②数量・権利の不適合についてはそのような期間制限はない。

　短期期間制限の特則が設けられたのは，買主が責任追及できる期間を制限し，売主が抱くであろう「目的物の引渡しにより履行を終えた」という期待を保護するためである。数量・権利の不適合について短期期間制限の特則を設けなかった理由は，これらの不適合については，売主の「目的物の引渡しにより履行を終えた」という期待が保護に値しないと考えられるからである。数量の不足といった「数量の不適合」は外見上明らかであり，目的物に担保物権や用益物権が設定される「権利の不適合」も登記等からその判別が比較的容易であるので，売主は，目的物の引渡しの際にこれらの不適合の存在について認識できるはずである。したがって，「数量の不適合」や「権利の不適合」がある場合

2　法務省法制審議会民法（債権関係）部会資料「75A」http://www.moj.go.jp/content/000121259.pdf
3　法定責任説の，債務者は特定物をそのまま引き渡せば引渡義務を完全に履行したことになるという考え方を一般に「特定物ドグマ」という。契約責任説は，引渡義務の内容には一定の性質を備えた特定物を引き渡すことも含まれると考えるので，「特定物ドグマ」を否定する考え方である。

に，売主が「目的物の引渡しにより履行を終えた」と期待することは通常考えられないのである。

さらに，新民法では，競売における担保責任の規定が整理された（新民法568条）。具体的には，競売の目的物の種類または品質に関する不適合については，旧民法570条但書と同様に，担保責任の規定が適用されないことを明記し（新民法568条4項），それ以外の不適合については，契約の解除，代金減額の請求，損害賠償の請求等ができるとされている（下記【図表】参照）。

(3) 損害賠償請求および解除の要件・効果

新民法では，種類，品質または数量に関して契約の内容に適合しない物を買主に引き渡すことは，売主の債務不履行にあたることを前提に，その場合の損害賠償請求および解除権の行使については，債務不履行の一般原則が適用されることを明らかにした（新民法564条）。損害賠償については第5章にて，解除権の行使については第6章にて詳述しているので参照されたい。

【図表】目的物が契約内容に適合しない場合の救済措置

	物の不適合		権利の不適合
	種類，品質の不適合	数量の不適合	
追完請求権	物の不適合については新民法562条により，権利の不適合については新民法565条が新民法562条を準用することにより，認められる。		
代金減額請求権	物の不適合については新民法563条により，権利の不適合については新民法565条が新民法563条を準用することにより，認められる。		
損害賠償請求権および解除権	物の不適合については新民法564条により，権利の不適合については新民法565条が新民法564条を準用することにより，認められる。		
責任追及の期間制限	短期期間制限の特則がある（新民法566条）。	消滅時効の一般原則に委ねられる。	
競売の目的物が契約不適合である場合	認められない（新民法568条4項）。	認められる（新民法568条1項～3項）。	

(4)　追完請求権

　新民法562条1項により，買主に認められた追完請求権の具体的内容は，目的物の修補請求，代替物の引渡請求，不足分の引渡請求の3つである。

　適切な追完がなされることに最も強い利害関係を有するのは買主であるから，これらの方法のうち，いずれを選択するかは，一次的には買主が決めることができる。しかし，売主は，買主に不相当な負担を課するものでないときは，買主が請求した方法と異なる方法で，目的物の追完をすることができる。契約不適合の目的物を引き渡した売主に対する非難可能性は様々であって，買主による追完方法の選択を売主に常に甘受させるべきであるとはいえないからである[4]。

　また，目的物が契約内容に適合しないことについて買主に帰責事由がある場合には，追完請求は認められない（新民法562条2項）。さらに，追完が履行不能である場合は，追完請求権を行使することはできない（新民法412条の2第1項）。

(5)　代金減額請求権

　代金減額請求権が買主に認められる理由は，売買契約目的物と売買代金の対価的均衡を図るためである。そして，買主は，売買代金の減額を請求する以上，目的物の契約不適合部分については受け入れることを意味する。その意味で，売買代金減額請求は，契約全体のうち，当該不適合部分に限って，適合した内容の目的物を引き渡すという契約を一部解除することと同じである。

　そうすると，代金減額請求権の行使要件も，解除の要件と同様に考えることになるので，同条同項は，買主に対して，代金減額請求権を行使する前に，履行の追完の催告をするよう定めている。

　代金減額請求をする場合であっても，解除請求をする場合であっても，買主にまず追完の催告をするように定めている理由は，売主に追完の機会を与える

4　法務省法制審議会民法（債権関係）部会資料「75A」http://www.moj.go.jp/content/000121259.pdf

ためである。したがって，買主が催告をしたとしても売主による追完が期待できない場合や，売主による追完が買主にとって利益とならない場合は，売主に対して追完の機会を与える必要がないことになる。

新民法563条2項は，そのような場合について規定したものであり，同条同項各号に挙げられている場合には，買主は，追完の催告をせずとも代金減額請求をすることができる。

新民法563条3項は，目的物が契約内容に適合しないことについて，買主に帰責事由がある場合には，買主に代金減額請求権を認めない旨規定している。

⑹　競売における担保責任

新民法568条1項は，「民事執行法その他の法律の規定に基づく競売（以下この条において単に「競売」という。)」と表現している。旧民法では，単に「強制競売」という表現だったので，広く競売一般が含まれることが明確となった。

また，権利の瑕疵について，旧民法566条は代金の減額の請求を認めていなかったが，新民法では権利の不適合についてこれを認めているので，競売においても代金減額の請求が可能となった[5]。

旧民法では，数量に関する目的物の不適合と移転した権利の不適合についての売主の担保責任に期間制限が設けられており（旧民法564条，565条，566条3項)，競売の場合における担保責任にも同様の期間制限があったが，新民法では，これらの不適合についての担保責任には期間制限が設けられておらず，これに伴い，競売における担保責任についても期間制限を設けない規律となっている[6]。

新民法568条1項で認められている買受人が行使できる救済手段は，解除および代金減額請求であり，履行の追完請求は行使できない。その理由は，強制競売という性質上，請求債権の債務者による履行の追完を観念することができないからである。

そして，買受人に履行の追完請求が認められないため，買受人が解除や代金

---

[5]　筒井健夫=村松秀樹『一問一答　民法（債権関係）改正』（商事法務，2018年）288頁
[6]　筒井健夫=村松秀樹『一問一答　民法（債権関係）改正』（商事法務，2018年）288頁

減額請求をする際には，履行の追完の催告は不要である。

　新民法568条 2 項および 3 項は，旧民法568条 2 項および 3 項と同一内容であり，変更点はない。新民法568条 4 項は，目的物の「種類又は品質」の不適合について，競売における買受人が各救済手段を行使できない旨を定めているが，この点も旧民法の規律と同一である（旧民法570条但書）。

2　実務上のポイント

(1)　事　例

　Ｘは，自動車製造会社Ｙから，自動車甲を200万円で買い取った。ところが，Ｘが甲の引渡しを受けてから 1 か月後になって，甲の調子が思わしくないので，自動車整備工場でみてもらったところ，甲のエンジンに欠陥があることが判明した。

(2)　契約内容の不適合性

　自動車は，移動の手段として用いるために購入されるのが通常であるので，契約の当事者は，目的物である自動車が，走行のために必要な機能を有していることを前提としているはずである。そうすると，甲のエンジンが問題なく機能することが，ＸＹ間での契約内容となっていたと解されることになる。

　したがって，甲のエンジンに欠陥があることは，「品質」の契約不適合となり，Ｘは，Ｙに対して，下記の権利を行使することができる。

(3)　追完請求権の行使

　Ｘに行使可能な権利には，追完請求権，代金減額請求権，損害賠償請求権，解除権があるが，まずは，追完請求権を行使することとなるだろう。なぜなら，原則として，代金減額請求権および解除権は，売主に対して，相当の期間を定めて履行の追完を催告し，売主が当該期間内に追完しないときでなければ行使

できないからである（新民法563条１項，541条）。

　もっとも，新民法563条２項の場合および新民法542条の場合は，買主は，先に追完請求権を行使しなくても，代金減額請求権および解除権を行使することができる。

　また，損害賠償請求権も，追完請求権の行使とは無関係に行使することができる。

　Xは，Yに対して，エンジンの修理（目的物の修補）または甲と同種の新しい自動車乙の引渡し（代替物の引渡し）を請求することができる。

　Yは，このようなXの請求に対して，Xに「不相当な負担」を課すものではないことを主張した上で，Xの請求内容にかかわらず，エンジンの修理（目的物の修補）または新しい自動車乙の引渡し（代替物の引渡し）のどちらかを選択し，実行することができる。また，Yは，エンジンの欠陥について，Xに帰責事由があることを主張して，追完義務の存在を争うことできる。

(4) 代金減額請求権の行使

　Xは，原則として，Yに対して相当の期間を定めて，エンジンの修理または自動車乙の引渡しを請求し，当該期間内に，Yが何も対応しなかったときにはじめて，Yに対して代金減額請求権を行使することができる。例外的に，新民法563条２項に該当する場合は，先に追完請求権の行使をせずとも，代金減額請求権を行使することができる。

　Xは，Yに対して，エンジンが不具合であることにより棄損した価値に相当する金額の減額を請求することができる。

　Yは，かかるXの請求に対して，エンジンの欠陥について，Xに帰責事由があることを主張して，代金の減額を争うことができる。

(5) 解除権の行使

　解除権の行使についても，代金減額請求権と同様に，Xは，原則として，Yに対して相当の期間を定めて催告をし，当該期間内にYが何らの対応もしない

場合に，Yに対して解除権を行使することができる。例外的に，新民法542条に該当する場合は，先に追完請求権の行使をせずとも，解除権を行使できる。

このように，Xは，甲の売買契約を解除することができる。Yは，かかるXの解除権行使に対して，エンジンの欠陥が，「その契約及び取引上の社会通念に照らして軽微である」（新民法541条）と主張して，Xの解除権行使を争うことができる。また，Yは，エンジンの欠陥について，Xに帰責事由があることを主張して，Xの解除権行使を争うこともできる。

(6)　損害賠償請求権の行使

損害賠償請求権は，他の権利の行使いかんに関わらず，行使することができる。

Xは，Yに対して，甲のエンジンに欠陥があることにより生じた損害の賠償請求をすることができる。例えば，自動車整備工場で検査を受けたときの検査代金は損害に当たる（新民法416条1項）。Yは，Xによる損害賠償請求に対して，エンジンの欠陥について，Xに帰責事由があることを主張して，損害賠償義務の存在を争うことができる。

3　実務への影響

(1)　従来の契約書ひな型[7]と新民法での対応

旧民法下において，実務上使用されていた一般的な動産売買契約書を以下に示し，この契約書の条項が新民法下ではどのように修正する必要があるかを説明する。

7　契約法研究会編『現代契約書式要覧』（新日本法規出版株式会社　昭和47年）419頁を参考に作成した。

動産売買契約書

　売主（以下甲という）と買主（以下乙という）とは，第1条に定める物品の売買のため次のとおり契約を締結する。

第1条（条件）
　　1　品名　　_____
　　2　数量　　_____
　　3　単価　　_____
　　4　引渡し（期限・期日）_____年_____月_____日
　　5　引渡場所方法　_____
　　6　代金総額　_____
　　7　支払期限　_____

第2条（所有権移転）
　　物品の所有権は，物品の受渡しがあった時に，甲から乙に移転するものとする。

第3条（危険負担）
　　物品の引渡し前に生じた物品の滅失，毀損，減量，変質その他一切の損害は，乙の責に帰すべきものを除き，甲の負担とし，物品の引渡し後に生じたこれらの損害は，甲の責に帰すべきものを除き，乙の負担とする。

第4条（検査および受渡し）
　　甲は，乙の指示に従って，約定引渡場所に物品を持参するものとし，乙は物品受取り後○日以内に物品の検査をするものとする。物品の受渡しは乙の検査終了と同時に完了するものとする。検査遅延により甲に生じた損害は，乙の負担とする。

第5条（目的物引取等）
　　1　甲は，不合格品または契約数量を超過した部分および契約を解除された物品その他乙より返却し得べき物品を，自己の費用を以て，乙の通知発送の日から○日以内に引き取らなければならない。
　　2　前項の期間経過後において甲の引取りがない場合には，乙は，甲の費用をもって，物品を返送しもしくは供託し，または物品を売却してその代価を保管しもしくは供託することができる。

第6条（弁済）
　　1　売買代金は，支払期限内に現金（または小切手）で支払うものとする。ただし，特約ある場合には○日満期の約束手形によることができる。

　2　約束手形または小切手により支払いがなされた場合においては，その
　　手形または小切手が完了するまでは，債務弁済の効力は生じないものとする。
　3　手形による支払いが認められた場合においても，第9条各号の一に該当
　　する事実が発生したときは，甲の請求により，乙は何時にても現金にて弁
　　済するものとする。

第7条（相殺）
　　甲が乙に対し債務を負担しているときは，甲は本件売買代金債権の弁済期
　の到来すると否とを問わず，本件売買代金債権と，甲が乙に対して負担する
　債務とを対当額につき相殺し得るものとする。

第8条（遅延損害金）
　　乙が売買代金債務の弁済を怠ったときは，甲に対し支払期日の翌日より完
　済の日まで年○％の割合による遅延損害金を支払うものとする。

第9条（期限の利益の喪失）
　　次の各号のいずれかに該当する場合において，甲の請求を受けたときは，
　乙は，直ちに債務の全額を一時に弁済しなければならない。
　1　乙が甲に対する売買代金支払債務その他一切の債務または本契約以外の
　　契約上の債務につき支払義務を怠ったとき
　2　乙が差押え，仮差押え，仮処分，公売処分，租税滞納処分，その他公権
　　力の処分を受け，または，破産手続の開始もしくは競売を申し立てられ，
　　または自ら破産手続開始の申立てをしたとき
　3　乙が監督庁より営業停止または営業免許もしくは営業登録の取消しの処
　　分を受けたとき
　4　乙が営業の廃止もしくは変更をしたとき
　5　乙が自ら振り出しもしくは引き受けた手形または小切手につき不渡処分
　　を受ける等支払停止状態に至ったとき
　6　乙が本契約の条項に違反したとき
　7　その他乙の財産状態が悪化し，またはそのおそれがあると認められる相
　　当の事由があるとき

第10条（物品の任意処分）
　　乙が，引渡期日に物品を引き取らない等契約の履行を怠った場合には，甲
　は何時にても，物品を乙の計算において任意に処分の上，その売得金を以て
　乙に対する損害賠償債権を含む一切の債権の弁済に充当し，不足額あるとき
　は，乙に請求することができる。

第11条（瑕疵担保）

甲は，①物品の契約条件との相違または引渡し前の原因によって生じた物品の品質不良，数量不足，変質その他の瑕疵につき責に任ずるものとし，②乙は代品納入もしくは瑕疵の修補または代金減額を請求することができる。③その瑕疵の存在によって本契約の目的を達することができない場合には，乙は本契約を解除することができる。④いずれの場合にも損害賠償の請求を妨げない。⑤ただし，乙は直ちに発見し得る瑕疵については，物品の受領後検査をなすべき日の後○日以内に通知を発しない場合には，その解除権または請求権を失うものとする。

第12条（即時解除）

1　第9条各号の一に該当する事実が発生したときは，甲は催告および自己の債務の履行の提供をしないで直ちに本契約を解除することができる。なお，甲の損害賠償請求を妨げない。

2　甲が本契約の条項に違反し，または，本契約および他の契約上の債務の履行を怠ったときは，乙は催告および自己の債務の履行の提供をしないで，直ちに本契約を解除し，甲に対し損害の賠償を請求することができる。

第13条（不可抗力免責）

天変地異，戦争，暴動，内乱，法令の改廃制定，公権力による命令処分，同盟罷業その他の争議行為，輸送機関の事故，その他不可抗力により，契約の全部もしくは一部の履行の遅延または引渡しの不能を生じた場合には，甲はその責に任じない。この場合に，本契約は引渡不能となった部分については，消滅するものとする。

第14条（事情変更）

物価の急激な変動その他の事情により本契約の条件によることが著しく不合理であると認められる場合には，各当事者は，本契約の条件の変更の申入れをなすことができる。相手方がこれに応じないときまたは本契約の条件の変更によっては本契約の目的を達することができないときはこれを解除することができる。

第15条（合意管轄）

本契約より生ずる権利義務に関する訴訟については，○○地方裁判所を以て管轄裁判所とする。

第16条（公正証書化の手続）

乙は，甲の請求ある場合には，本契約につき，執行認諾文言を付した公正証書の作成手続に異議なく協力するものとする。

第17条（別途協議）

> 　本契約に定めのない事項および本契約の解釈については別途協議する。協
> 議が整わざるときは甲の定めるところによる。

①　下線部①について

　下線部①は，目的物が種類，品質または数量に関して契約の内容に適合しな
い場合を記載していると解される。契約内容に適合しないということを具体的
に記載していることになるので，この表現のままでも問題ないと考えられる。

②　下線部②について

　下線部②は，買主に追完請求権と代金減額請求権を認める内容である。旧民
法下では，目的物の種類・品質が契約内容に不適合である場合に，追完請求権
および代金減額請求権を買主に認める規定はないので，下線部②の重要性は大
きかったが，新民法では，これら２つの権利は，562条および563条で認められ
ているので，民法上の規律を確認する意味を持つに留まる。

　また，新民法では，履行の追完方法について，第一次的には買主に決定権が
あり，第二次的に，買主に不相当な負担を課するものでないという条件で，売
主に決定権がある（新民法562条）。当該規定は任意規定であると解されるので，
売主と買主のどちらが，どのような場合に，履行の追完方法の決定権を有する
かという点について，新民法と異なるルールを定める場合には，その旨を売買
契約書に明記すればよい。

　また，新民法では，買主が，代金減額請求権を行使する際に，売主に追完の
利益が認められる場合には，履行の追完の催告をすることが要求されている
（新民法563条）。当該規定も任意規定であると解されるので，売主に追完の利益
が認められる場合であっても，買主が，履行の追完の催告なしで代金減額請求
権を行使できるようにするためには，その旨を売買契約書に明記すればよい。

　さらに，代金減額請求権を行使する場合の減額割合の算定基準時は何ら規定
されていないので，契約時，履行期，引渡し時，請求権行使時等，考えられる
時期の中から選択して具体的な時期を定めておくことが，紛争防止の観点から
は望ましい[8]。

---

③ 下線部③について

下線部③は、「…の場合には、乙は本契約を解除することができる。」と記載されている。

新民法では、564条で準用される541条および542条で、催告解除および無催告解除という2つの類型の解除が認められているので、売買契約書には、催告解除に関する規律（催告なしで解除できるとするか、債務不履行の程度が軽微であっても解除することができるとするかなど）と、無催告解除に関する規律（どういう場合に無催告解除が認められるかなど）をはっきり分けて条文に記載する必要があると考えられる。

④ 下線部④について

下線部④は、買主に損害賠償の請求を認めた規定である。新民法では、目的物が契約内容に適合していない場合は、債務不履行の一般原則に基づき損害賠償請求をすることができる（新民法415条）。

したがって、新民法の規律を確認する意味を持つにすぎない。

⑤ 下線部⑤について

商法が適用される売買契約では、買主は目的物を受領後、「遅滞なく」目的物を検査し、目的物が種類、品質または数量に関して契約の内容に適合しないこと（契約不適合）を発見したときは、売主に対し「直ちに」通知を発する必要があり、それを怠ると買主は、売主に、履行の追完請求、代金減額請求、損害賠償請求および契約の解除をすることができなくなる。そして、目的物に直ちに発見できない契約不適合がある場合は、受領から6か月以内に発見し、発見後直ちに通知を発しなければ、買主は、売主に、履行の追完請求、代金減額請求、損害賠償請求および契約の解除をすることができなくなる（商法526条2項）。

下線部⑤は、直ちに発見し得る契約不適合についてのみ定めているが、直ちに発見できない瑕疵についての定めがないので、その定めをしておく必要があ

8　遠藤元一編著『債権法改正　契約条項見直しの着眼点』（中央経済社、2018）36頁

ると考えられる。

⑥　目的条項の設定・契約締結の背景の説明

新民法において，売買の目的物が契約不適合である場合に，買主に追完請求権，代金減額請求権，損害賠償請求権および解除が認められることになる。

目的物が契約不適合であるかどうかは，契約内容から判断されることになるので，契約書から契約内容を把握できるようにしておく必要がある。そして，そのための手段としては，目的条項の設定，契約の背景の説明をすることが有益である。

第9章

不動産売買契約

　不動産取引には，本章で扱う不動産売買のほかに売買の仲介（媒介），不動産賃貸借やその仲介といった様々な類型のものが含まれ，これらを業として行う場合には宅地建物取引業法の規律も重要となる。ただし，本書の目的の1つは，民法（債権法）改正のポイントを簡潔に示しつつその実務対応の要否を整理するという点にある。不動産賃貸借における改正のポイントと実務対応については第10章で扱い，ここでは不動産売買契約について解説する。不動産売買契約は，売買契約という点では動産売買契約と共通することから，第8章と扱う規律が重なる部分もあるが，不動産売買契約に関する民法（債権法）改正に伴う実務対応を考えるにあたって必要な箇所は重複をいとわずに解説している。他の章で扱うテーマのうち関連する箇所を参照しているので，体系的な理解に役立てていただきたい。

実務上のポイント

・瑕疵担保責任がいわゆる契約不適合責任として整理され，「隠れた瑕疵」に限らず，契約目的物件が「契約の内容に適合しない場合」を広く含むものとされ，その効果として追完請求権が認められた。

・瑕疵担保責任は買主が瑕疵の存在を知ってから1年以内に行使すべきとされていたが，新民法における契約不適合責任は買主がその事実を知ってから1年以内に「通知」すれば保全され，その後は消滅時効が成立して権利が消滅するまで責任が存続する。

・錯誤については，従前は解釈によって認められていた「動機の錯誤」が明文化された。また，錯誤の効果が無効から取り消すことができることに変更された。

・契約の解除について，従前は債務不履行の効果として債務を履行しない債務者に不利益を課すものとして構成されていたが，新民法によってこれが改められ，債務を履行しようとしない債務者から債権者を解放する趣旨の制度となり，相当の期間を定める催告を要する催告解除とこれを要しない無催告解除に整理されている。

1 　手付に関する改正

　不動産売買契約は，原則として，当事者間の意思表示の合致によって成立する。新民法では，この点について，契約が申込みの意思表示と承諾の意思表示の合致したときに成立する旨が明文化された（新民法522条1項）。さらに，契約の成立に特別の方式を要しないという方式の自由も新たに明文化されている（同条2項）。

　不動産売買契約においては，契約締結に際して，買主が売主に一定額の金銭を「手付」として交付することがある（旧民法557条）。手付については，旧民法の下での判例法理を明文化する趣旨の改正がなされている。解約手付は，売買契約が成立したことの証拠としての意味を持つほか，契約当事者が契約を解除する権利（解除権）を留保する趣旨で授受され，相手方が債務の履行に着手

するまでは，買主は手付を放棄することによって売買契約を解除でき（手付損），売主も手付の倍額を買主に返還することによって契約を解除できる（手付倍返し）。つまり，解約手付が授受されている場合には，履行に着手した相手方の期待を保護する必要から，旧民法の「当事者の一方が契約の履行に着手するまでは」との文言は「相手方が」履行に着手するまでという趣旨に解釈すべきであるとされていた[1]。この判例法理を明文化し，新民法では「ただし，その相手方が契約の履行に着手した後は，この限りでない」と規定されている（新民法557条1項但書）。

　このように，手付については従来の判例法理を明文化したにすぎないため実務に対する影響は少なく，従来の契約書ひな型を引き続き活用することができる。

【手付に関する条項例】

第○○条

　　乙は，本件契約締結の証として，手付金○○万円を甲に支払う。

2．乙は，甲に支払った手付金の全額を放棄することにより，その理由を問わず，本件契約を解除することができる。甲が，第1項に定める手付金の倍額を乙に支払った場合も同様とする。ただし，相手方が本契約の履行に着手した後にあってはこの限りでない。

2　瑕疵担保責任から契約不適合責任へ

(1)　旧民法における瑕疵担保責任

　旧民法では，売買契約における目的物（特定物）に存する「隠れた瑕疵」に関する瑕疵担保責任が定められ，その効果として損害賠償責任等が認められていた（旧民法570条，566条）。買主は，売主に対し，目的物に瑕疵がないものと

1　最大判昭和40年11月24日民集19巻8号2019頁

信頼したために被った損害の賠償を請求できると解されていた（信頼利益）。土地に土壌汚染が判明した場合であれば汚染の除去に要する費用などが損害賠償の対象とされていた。

(2) 新民法における契約不適合責任

　新民法は，「隠れた瑕疵」との表現自体は削除するとともに，売主が「契約の内容に適合」した目的物を引き渡す義務を負うことを前提に，「引き渡された目的物が種類，品質又は数量に関して契約の内容に適合しないものである」場合についての買主の追完請求権が追加された（新民法562条1項）。追完請求権の要件として売主の帰責事由は求められていない。逆に，契約内容への不適合が買主の帰責事由によるものであるときには追完請求権は認められない（新民法562条2項）。

　債務不履行における損害賠償の範囲に関し，いわゆる通常損害については民法改正に伴う変更はない。特別損害に関しては，「予見し」との文言を削除して当事者が特別の事情を事実として予見していたか否かを問わないことが明確となった。すなわち，新民法では「特別の事情によって生じた損害であっても，当事者がその事情を予見すべきであったときは，債権者は，その賠償を請求することができる」と規定し（新民法416条2項），特別の事情を予見すべきであったか否かという規範的な評価が問題とされている。

　土地に土壌汚染があった例で契約不適合責任に基づく損害賠償の範囲を整理すると，売買契約の目的物である土地に土壌汚染がみつかった場合，買主は土壌汚染の詳細な調査および除染にかかる費用を損害として売主にその賠償請求をすることができる。これらの費用は，土地に土壌汚染がないものと信頼したために被った損害であり，信頼利益として旧民法下でも損害賠償の対象となる。新民法の下では，その費用に加えて，土壌汚染が存在しなければ得られたはずの利益も損害賠償の対象となり，転売により利益が見込めたはずであるのに土壌汚染が存するために転売できず当該利益が得られなかったときには，債務不履行と相当因果関係のある限り転売利益も損害賠償の範囲に含まれる。

(3)　追完請求権

　旧民法では，特定物を目的物とする売買契約における売主の引渡義務の内容は，たとえ目的物に瑕疵があったとしても当該特定物を引き渡すことに尽きると解されていた。この場合，当該目的物の引渡しを受けた買主が売主に履行の追完を請求することはできず，買主は，売主に対して，別途，瑕疵担保責任（旧民法570条）を追及して取引の対価的関係を維持すべきものとされていた。

　これに対し，新民法では，売主は，あくまで「契約の内容に適合する目的物」の引渡義務を負うこととされており，引き渡された目的物が種類，品質または数量に関して契約の内容に適合しないものであるときは，買主は，売主に対し，目的物の修補，代替物の引渡しまたは不足分の引渡しによる履行の追完を請求することができる（新民法562条1項）。

(4)　代金減額請求権

　売買契約における買主の代金減額請求権について旧民法では，権利の一部が他人に属する場合における売主の担保責任（旧民法563条）および数量の不足または物の一部滅失の場合における売主の担保責任（旧民法565条）の定めが置かれていた。

　旧民法563条1項および同565条の代金減額請求権は，買主および売主の主観的要件について定めておらず，買主および売主の善意や無過失を要求していない。この点は，目的物の品質に関する瑕疵担保責任において買主の善意が要求されていることと対照的である。また，旧民法565条に定める「数量を指示して」する売買について判例は，「当事者において目的物の実際に有する数量を確保するため，その一定の面積，容積，重量，員数または尺度あることを売主が契約において表示し，かつ，この数量を基礎として代金額が定められた売買」であるとしている[2]。

　新民法563条1項に規定する「前条第一項本文に規定する場合」は，「引き渡

2　最判昭和43年8月20日民集22巻8号1692頁

された目的物が種類，品質又は数量に関して契約の内容に適合しないものであるとき」を指す。

　新民法下において買主に認められる代金減額請求権は，「履行の追完の催告」を要する場合とそれが不要な場合とに大きく分かれ，履行の追完の催告を要しない場合については個別に規定されている（改正民法563条2項）。

【履行の追完の催告なしに代金減額請求が認められる場合】

① 履行の追完が不能であるとき。
② 売主が履行の追完を拒絶する意思を明確に表示したとき。
③ 契約の性質または当事者の意思表示により，特定の日時または一定の期間内に履行をしなければ契約をした目的を達することができない場合において，売主が履行の追完をしないでその時期を経過したとき。
④ 上記①～③に該当しない場合において，買主が前項の催告をしても履行の追完を受ける見込みがないことが明らかであるとき。

　これらに該当しない場合であって，かつ，買主が相当の期間を定めて履行の追完の催告をし，その期間内に履行の追完がないときは，買主は，その不適合の程度に応じて代金の減額を請求することができる。

　履行の追完の催告を要する場合もそうでない場合も，契約内容不適合が買主の責めに帰すべき事由によるものである場合には，代金減額請求権が認められない。代金減額請求に関して売主の帰責事由を問題としていない点は旧民法と変わるところはない。

　代金減額請求に関する新民法563条は任意規定であると考えられるため，売買契約の当事者は，その合意により個別の規律を定めることができる。

1　本契約第○条（代金の支払い）の定めにかかわらず，乙（買主）は，甲（売主）に対し，本契約の目的物件が，その種類，品質または数量に関して本契約の内容に適合しないものであるとき，何らの催告を要することなく，直ちに代金の減額を請求することができる。

> 2　前項の規定に従い減額されるべき代金の金額は，甲乙協議の上で決するものとする。

(5)　改正の影響と実務上の留意点

　瑕疵担保責任における「瑕疵」は，「目的物が通常有すべき品質，性能，性状を有しないこと」をいい，瑕疵の存否は客観的に判断されている。

　これに対し，契約不適合責任は，文字どおり「契約の内容に適合」するか否かを基準に責任の有無が判断されることから，目的物の種類，品質または数量に関する契約内容が重要となる。トラブル回避の観点からは，売買目的物である物件の現地調査や資料を確認してその情報を正確に確認し，不動産売買契約書または重要事項説明書等に物件の品質等を詳細かつ明確に記載し，売主としての義務の範囲を明確にすべきであろう。これらの書面の内容に誤りがあり，実際の物件内容と契約書等の内容に齟齬があれば，契約不適合責任を問われることとなるためより一層の注意が必要である。

【契約不適合責任に関する契約条項例】

> 第○○条
> 　　乙（買主）は，本契約の目的物である物件が，その種類，品質または数量に関して本契約の内容に適合しないものであるときは，甲（売主）に対し，本物件の修補，代替物の引渡しまたは不足分の引渡しによる履行の追完を請求することができる。ただし，甲は，乙に不相当な負担を課するものでないときは，乙が請求した方法と異なる方法による履行の追完をすることができる。
> 2．前項に規定する場合において，乙が相当の期間を定めて履行の追完の催告をし，その期間内に履行の追完がないときは，乙は，その不適合の程度に応じて代金の減額を請求することができる。
> 3．前項の定めにかかわらず，次に掲げる場合には，乙は，同項の催告をすることなく，直ちに代金の減額を請求することができる。

  (1) 履行の追完が不能であるとき

  (2) 甲が履行の追完を拒絶する意思を明確に表示したとき

  (3) 契約の性質または当事者の意思表示により，特定の日時または一定の期間内に履行をしなければ契約をした目的を達することができない場合において，甲が履行の追完をしないでその時期を経過したとき

  (4) 前3号に掲げる場合のほか，乙が前項の催告をしても履行の追完を受ける見込みがないことが明らかであるとき

 4．乙は，第1項に規定する場合において，本契約を締結した目的を達することができない場合には，本契約を解除することができる。

 5．乙は，第1項に規定する場合において，当該不適合が乙の責めに帰すべき事由によるものであるときは，甲に対し，本条に定める履行の追完請求，代金の減額の請求，および解除の意思表示をすることができない。

 6．乙は，第1項の不適合が甲の責めに帰すべき事由によるものであるときは，甲に対し，第○条に別途定める損害賠償の請求をすることができる。

(6)　現状有姿売買について

　売買目的物の性状等に関し，例えば中古住宅の売買契約において，「現状有姿のまま引き渡す」旨を定めることがある（現状有姿特約）。

　契約に現状有姿のまま引き渡す旨の特約が付されていた場合において，引き渡された物件が「契約の内容に適合しない」ものであったとき，新民法下での処理はどのようになされるであろうか。具体的には，現状有姿で引き渡す旨の合意を根拠として，現状有姿のまま引き渡しさえすれば，物件に契約不適合があっても債務不履行責任を負わないとの抗弁をなし得るかという問題である。

　現状有姿特約は，目的物を変更等せず現状のまま引き渡す旨の合意であり，目的物の性能に関する合意とは直接の関係がない。別途定める物件の性能を備えていないのであれば，現状有姿特約によって免責されることはなく，契約不適合責任には影響しないと解釈し得る点には注意が必要である。

3 ┃ 契約不適合責任の追及期間について

　瑕疵担保責任および契約不適合責任には期間制限が定められている。旧民法上，瑕疵担保責任に基づく契約の解除または損害賠償の請求は，「買主が事実を知った時から1年以内」にしなければならず（旧民法570条・566条3項），損害賠償請求権を保存するには，少なくとも，売主に対し，具体的に瑕疵の内容とそれに基づく損害賠償請求をする旨を表明し，請求する損害額の算定の根拠を示すなどして，瑕疵担保責任を追及する意思を明確に告げる必要があるとされていた[3]。新民法では「買主がその不適合を知った時から1年以内にその旨を売主に通知」しなければ，契約不適合責任を追及できないという制度に改められた（新民法566条）。

【契約条項例】

> 第○○条
> 　乙（買主）は，本条各項の定めに従い，履行の追完請求，代金の減額の請求，契約解除または損害賠償の請求をするときは，乙が本物件の契約内容に適合しない部分があることを知った日から1年以内にその旨を甲に通知しなければならない。ただし，甲が引渡しの時に目的物が契約の内容に適合しないものであることを知っていたとき，または知らなかったことにつき重大な過失がある場合にはこの限りでない。

　他方で，商人間売買では買主に目的物の検査・通知義務が課されており，目的物受領後直ちに発見できない契約不適合（瑕疵）を6か月以内に発見した場合に直ちに通知を発しないと契約不適合責任（瑕疵担保責任）を追及することができない（商法526条）。

　このように，事業者間における不動産売買では，買主は，6か月以内に目的物に契約不適合を発見した場合には直ちに売主に通知を発しなければその責任

3　最判平成4年10月20日民集46巻7号1129頁

を売主に追及することができなくなる。この場合には新民法566条は適用されないことに注意が必要である。

　なお，このようにして保全された契約不適合に基づく損害賠償請求等の権利の行使期間は消滅時効についての一般的規律（新民法166条）に服する。

4　物の性状に錯誤がある場合

(1)　錯誤に関する改正点のポイント

　契約内容等について，真意と実際の表示行為とが異なっていることを表意者自身が知らない錯誤による意思表示については改正がなされている。旧民法では，「法律行為の要素に錯誤」があること，すなわち，その錯誤がなければ，意思表示をしなかっただろうと思われるような重要な部分に錯誤があることが錯誤の要件とされている（旧民法95条本文）。この「要素」について判例は，「法律行為の主要部分であり，主要部分とは，表意者が意思表示の要部とし，もしも錯誤がなければ意思表示せず，意思表示しないことが一般取引通念に照らして至当と認められること」を意味すると判示している[4]。新民法は，「法律行為の目的及び取引上の社会通念に照らして重要なもの」と規定して，判例法理を明文化した（新民法95条）。

　また，詳しくは(2)で述べるが，動機の錯誤は，その動機が表示されている場合に錯誤に当たることが明示された（新民法95条2項）。さらに，錯誤が存在した場合の効果が無効から取り消し得る行為へと変更された。

(2)　動機の錯誤についての不動産売買契約にかかる実務上の留意点

　例えば，新駅の建設予定の噂があり価格高騰を期待して土地を購入したが，実際には新駅建設の予定はなかった場合に動機の錯誤が問題となる。

　旧民法の下では，表意者の取引動機が相手方に表示されて契約内容となり，

　4　大判大正7年10月3日民録24輯1852頁

表意者にとってその縁由がなければ契約を締結しないと認められる場合に，錯誤無効の主張が可能であると解されている。

　新民法は，動機の錯誤を「表意者が法律行為の基礎とした事情についてその認識が真実に反する錯誤」とした上で「その事情が法律行為の基礎とされていることが表示されていたとき」に，その意思表示を取り消すことができる（新民法95条1項2号・2項）と定めている。

　不動産売買の動機を重要と考える買主は，法律行為の基礎とした事情を契約書等に明記しておくことが重要である反面，動機を表示された売主としては，契約書上に買主が物件購入に至る動機となった事情を記載する場合には，その動機の取扱いについても併せて明記することが肝要である。

(3)　錯誤の効果に関する改正点

　錯誤の効果は，無効から取り消し得る行為とされたが，取消しの効果は遡及的無効であるから，錯誤による意思表示が取り消された後の効果に違いはない。

　ただし，取消しと無効では次の点で異なる点に注意が必要である。

	取消し	無　効
追　認	○ 追認後は取消し不可（122条） 法定追認あり（125条）	× （119条）
消滅時効	5年（126条）	×

5　催告解除に関する留意点

(1)　契約解除に関する改正点

　債務不履行に基づく契約の解除の要件に関し，新民法では旧民法543条但書は削除され債務者の帰責事由が不要となり，契約解除について催告解除と無催告解除とに分けて整理している。契約解除については第6章で詳述している。

改正のポイント等は第6章を参照されたい。ここでは不動産売買契約に関連する解除に関する実務対応について触れたい。

(2) 催告による解除

　催告による解除は「当事者の一方が債務を履行しない場合」に相当の期間を定めた催告をした上で認められる点に変わりはない（新民法541条本文）。しかし，相当の期間経過後の債務不履行が「その契約及び取引上の社会通念に照らして軽微であるとき」には契約解除が認められないこととされている（新民法541条但書）。いかなる場合に債務不履行の軽微性が認定されるかは法の規定からは明確ではないが，契約の「要素たる債務」に当たらず「付随的債務」の不履行である場合には，特段の事情がない限り解除権は成立しないとされており，参考にすることができる。例えば，宅地に転用するための農地の売買について，買主が農地法4条による許可申請手続に協力しない場合であっても，買主が売買代金支払義務を履行しているときは，特段の事情がない限り，売主は買主が許可申請手続に協力しないことを理由に売買契約を解除することはできないとされた[5]。

(3) 催告による解除が認められない軽微性が問題となり得る例

　新民法の下で軽微な債務不履行を理由に契約解除が認められない場合の参考として，契約の要素たる債務ではなく付随的債務であることを理由に契約解除が認められないとされた裁判例と付随的債務とはいえないとして契約解除が認められた裁判例を紹介したい。

① 固定資産税負担

　不動産の売主が立替納付をした固定資産税等の償還義務を買主が履行しなかった事例において，当該償還義務の不履行は売買契約の目的達成に必須的で

5　最判昭和51年12月20日民集30巻11号1064頁

ない付随的義務の履行を怠ったに過ぎず，特段の事情が存在しない限り契約の
解除は認められないとされた[6]。

②　土地上の工作物築造禁止約款違反

代金完済までは売買目的物である土地に建物等の築造をしてはならないとの
約款が付されている場合において，買主が当該約款に違反して売主に無断で建
物を築造したために売主が契約解除を請求した事例において，当該約款は売買
契約締結の目的に必要不可欠ではないが代金の完全な支払確保のために重要で
あり，その債務の不履行は契約締結の目的達成に重大な影響を与えるとして，
当該約款の不履行を理由として契約解除が認められるとされた[7]。

(4)　新民法下での条項例

「その契約及び取引上の社会通念に照らして軽微であるとき」の解釈は，新
民法施行後の判例を待つほかない。実務上は，無用のトラブルを避けるために
催告による解除が認められる事由を列挙する条項を契約に盛り込んでおくこと
が重要である。

【催告解除に関する契約条項例】

> 甲（売主）および乙（買主）は，相手方が次のいずれかに該当し，相当の期
> 間を定めてその債務の履行を催告したにもかかわらず，その債務が履行されな
> い場合，本契約を解除することができる。
> 1　本物件を引き渡さない場合
> 2　所有権移転登記に必要となる手続に協力をしない場合
> 3　売買代金を支払わない場合
> 4　前各号に掲げる場合のほか，甲又は乙が，本契約に規定する義務に違反し，
> 　　違反の程度が本契約を締結した目的に照らして軽微といえない場合

6　最判昭和36年11月21日民集15巻10号2507頁
7　最判昭和43年2月23日民集22巻2号281頁

6 催告によらない解除（無催告解除）

(1) 契約の全部解除と一部解除

　新民法では，旧民法と比べ，催告をすることなく直ちに契約の全部の解除をすることができる事由が拡大された（新民法542条1項各号）。

　また，催告なく契約の一部を解除することができる旨も明文で定められた（新民法542条2項各号）。

① 債務の一部の履行が不能であるとき

② 債務者がその債務の一部の履行を拒絶する意思を明確に表示したとき

(2) 1つの契約に基づく債務の不履行が複数の契約の解除事由となり得る場合

　当事者間でリゾートマンションの区分所有権にかかる売買契約を締結するとともにスポーツクラブ会員権契約が締結された場合において，スポーツクラブ会員権利用の前提となる屋内プールの完成が遅延した事例で，両契約の目的とするところが相互に密接に関連付けられていて，社会通念上，いずれかの契約が履行されるだけでは全体として契約を締結した目的が達せられないと認められるとして，スポーツクラブ会員権契約の債務不履行を理由として，同契約の解除に加えリゾートマンションにかかる売買契約の解除も認められた[8]。

　大規模な開発案件などにおいては，複数の目的物にかかる不動産売買を伴うことがある。このような場合において，複数の契約の目的とするところが相互に密接に関連付けられていて，社会通念上，いずれかの契約が履行されるだけでは全体として契約を締結した目的が達成されないと認められるときは，1つの契約にかかる債務の不履行に基づいて全部の契約の解除が認められる可能性がある点に注意が必要である。

8　最判平成8年11月12日民集50巻10号2673頁

第10章

不動産賃貸借

　今般の民法改正では，不動産賃貸借にかかる規定も多岐にわたって改正された。そのなかには，従来の判例法理を明文化する形で条文が整備されたものもある一方，民法に規定された制度の内容自体が変わる等，実務上も従来とは違った対応が求められるものもある。

　そこで本章では，まず，今般の民法改正によって，不動産賃貸借をめぐる実務的対応の見直しが必要になる点を概観する。その上で，従来の判例法理等が明文化されたもの等，従来の実務を踏襲することが予想される改正事項を確認することによって，今般の改正が具体的にどのように実務に影響を与えるかを明らかにしたい。

実務上のポイント

- ・契約期間の上限が50年に伸長された。
- ・賃貸物の一部滅失等による賃料の減額に関する規定が整備された。
- ・個人が賃借人の債務を保証する場合に極度額の定めが必要になり，また，元本確定事由が法定された。
- ・事業用の不動産の賃貸借において，保証委託者（借主）から保証人に対する情報提供義務が法定された。
- ・賃料債権の債権者である貸主から保証人に対する情報提供義務が法定された。
- ・賃料債務の保証人に対して履行を請求しても，借主の時効は完成猶予・更新されなくなった。
- ・賃貸人の修繕義務と賃借人の修繕権の規定が整備された。
- ・賃貸借終了後の収去義務・原状回復義務については，その内容を具体化・明確化する規定が整備された。

　以下，賃貸借契約にまつわる民法改正と実務対応のポイントを説明するが，便宜上まずは実務上の対応に見直しが必要となる事項を整理した上で（1〜5がそれに当たる），もっぱら従来の判例法理を明確化したものと理解できる事項（6以降がそれに当たる）を述べる。

1 ｜ 賃貸借の存続期間

　旧民法604条は，賃貸借の存続期間は20年を超えることができないと定めていた。

　借地借家法の適用がある土地賃貸借は存続期間が30年だが（借地借家法3条），同法が適用されるには，賃貸借等の主要な目的が建物の所有でなければならない。したがって，ゴルフ場の敷地の賃貸借[1]，幼稚園の園舎敷地に隣接する土地をその運動場として使用するためにされた賃貸借[2]，園芸用植木の植込場および陳列販売場として大部分が利用されている土地に園芸品の保管・陳列のためのプレハブ建物を建築した場合の土地の賃貸借[3]等は借地借家法の適用がなく，存続期間も民法の規律を受けることになる。

　このように，借地借家法の適用のない賃貸借であっても，事業用地を中心に長期間の賃貸借契約を認める需要がある。そこで，民法改正により，賃貸借契約の存続期間の上限が50年に引き上げられた（新民法604条）。

2 ｜ 賃借物の一部滅失等

　旧民法611条1項では，賃借人の帰責事由によらず賃借物が一部滅失した場合，賃借人が賃貸人に対して賃料の減額を請求することによって賃料が減額されるものとされている。この点が今回の民法改正により，賃借人の帰責事由によらない賃借物の一部滅失の場合に，賃借人からの請求を待たずに当然に賃料が減額されるとする一方，減額事由を賃借物の一部の使用収益ができなくなった場合に拡大された（新民法601条）。

1　最判昭和42年12月5日民集21巻10号2545頁
2　最判平成7年6月29日集民175号745頁
3　広島高判平成5年5月28日判タ857号180頁

3　賃借人の債務の保証

(1)　個人根保証契約における極度額

　実務上，賃貸借契約の締結に伴い，賃貸人が，賃借人の債務について保証人を立てるよう要求するケースは多い。この場合に，賃借人の賠償すべき損害が賃借物の修理費用・賃料収入を得られなかったことによる逸失利益等広範囲にわたったり，多額の滞納賃料があったりする等，保証人が予想を超える多額の債務を負うことがあり，とりわけ個人の保証人を保護する必要性が従前より指摘されてきた。

　そこで，新民法は，保証人が，予測可能性を確保し，根保証の要否および必要とされる金額の範囲について慎重に判断できるように，個人根保証契約は極度額の定めがなければ効力を生じないこととされた（新民法465条の２）。

　この改正点に対する対応として，賃貸借契約書に極度額を定める条項を置くことが求められる（後記「契約書式例」13条１項・２項）。

(2)　個人根保証契約における元本確定事由

　新民法では，個人根保証契約についての元本確定事由が法定された。すなわち，賃借人の債務の根保証を含む個人根保証契約では，①債権者（賃貸人）が保証人の財産について金銭の支払いを目的とする債権についての強制執行または担保権の実行を申し立てたとき（ただし強制執行または担保権の実行の手続の開始があったときに限る），②保証人が破産手続開始決定を受けたとき，または③主たる債務者（賃借人）または保証人が死亡したとき，元本が確定する（新民法465条の４第１項）。

(3)　債権者の情報提供義務

　また，新民法では債権者の保証人に対する情報提供義務の規定が置かれたことにも注意が必要である。

　すなわち，保証契約締結後，委託を受けた保証人が債権者に請求したときには，債権者は，①主たる債務の元本，主たる債務に関する利息，違約金，損害賠償その他その債務に従たるすべてのものについての不履行の有無，②これらの残額，および③そのうち弁済期が到来しているものの額に関する情報を提供しなければならない（新民法458条の2）。

　また，個人保証の場合，主たる債務者が期限の利益を喪失したときは，債権者は利益の喪失を知った時から2か月以内に，保証人にその旨を通知しなければならないものとされた。債権者は，上記の期間内にその通知をしなかったときは，保証人に対し，主たる債務者が期限の利益を喪失した時から通知を現にするまでに生じた遅延損害金にかかる保証債務の履行を請求することができない（新民法458条の3）。ただし，期限の利益を喪失しなかったとしても生ずべき遅延損害金は請求が可能である。

　なお，事業用不動産の賃貸借の場合は，賃料債務は「事業のために負担する債務」に該当するから，保証委託者は，①財産および収支の状況，②主たる債務以外に負担している債務の有無ならびにその額および履行状況，③主たる債務の担保として他に提供し，または提供しようとするものがあるときは，その旨およびその内容に関する情報を保証の受託者に提供しなければならない（新民法465条の10。情報提供義務違反の効果としての保証契約の取消しについては第12章3(2)を参照）。

(4)　賃料債務の消滅時効と連帯保証人への請求

　新民法では，保証人に対する履行の請求の効力が相対的効力にとどまるため，賃料債務を保証した保証人に履行の請求をしても，別段の意思表示がなければ賃料債務の消滅時効の完成は猶予・更新されない（新民法441条本文，458条）。

　そこで，実務的対応としては，賃貸人が連帯保証人の1人に対して履行の請求をした場合の効力が賃借人および履行の請求を受けた連帯保証人以外の連帯保証人に対しても生ずることを「別段の意思表示（新民法441条但書，458条）」として条項化することが考えられる（後記「契約書式例」13条3項）。

4　修繕義務と修繕権

　新民法は，賃貸人の修繕義務について，賃借人の帰責事由により修繕が必要
になる場合には賃貸人が修繕義務を負わない旨を明示した（新民法606条1項但
書）。

　他方，賃借人の修繕権が明文化され，①修繕が必要な場合，②賃借人が賃貸
人に対して修繕が必要な通知をしたにもかかわらず，③賃貸人が相当期間内に
必要な修繕をしない場合には，賃借人は自ら修繕をすることができ（新民法
607条の2第1号），かつ，急迫の事情がある場合には，賃借人は，賃貸人に対
する②の通知をすることなく修繕ができる（同条2号）。

　なお，これらの修繕費用の回収は，費用償還請求権（民法608条1項）による
ことになる。

　このように新民法が修繕権を明文化したことで，賃借人にとって修繕費用を
回収する予測が立てやすくなり，賃借人が自ら修繕することが容易になったが，
他方，賃借人が自ら修繕をする場合には，費用を賃貸人に償還請求できる安心
感から，賃借人が修繕費用に頓着せず，賃貸人の予想に反して高額な修繕工事
を発注することも考えられる。賃貸人の立場からは，契約書上，修繕工事の内
容や工事代金につき書面による事前協議を義務付けたり，賃貸人の建物内への
立入りを認める条項を加えておくべきであろう（後記「契約書式例」8条4項以
下参照）。

5　収去義務・原状回復義務

　新民法は，賃貸借が終了した場合の賃借人の収去義務を明文で定めるととも
に（新民法599条1項），賃借人の原状回復義務の内容の明確化を図った。

　すなわち新民法は，判例[4]の立場を明文化し，通常損耗については，賃借人
はこれを回復する義務を負わないとした（新民法621条かっこ書き）。なお，こ
れは任意規定であるから，通常損耗も含めた減価分も原状回復義務の内容とす

4　最判平成17年12月16日集民218号1239頁

る合意が有効となる余地はあり得るが，通常損耗分も原状回復義務の内容とする特約は，消費者契約法10条（消費者の利益を一方的に害する条項の無効）によって無効になる場合があり得る点に注意が必要である。

　また，通常損耗以外の賃借物の損傷についても，賃借人の帰責事由によらない場合には賃借人は原状回復義務を負わない（新民法621条但書）。

6 ｜ 不動産賃貸借の対抗力

　新民法は，旧民法の「その後」の文言を削除して賃貸借契約以前に現れた第三者も本条で規律されることを明らかにするとともに，本条が賃貸借の対抗要件に関わる規定であることを明示した（新民法605条）。

7 ｜ 賃貸人たる地位の移転

(1)　賃借人が対抗要件を具備する場合

　不動産の所有者である賃貸人が賃借物を第三者に譲渡した場合について，判例は，賃借人が対抗要件を具備した後に賃貸人が不動産を第三者に譲渡したときは，旧所有者と賃借人との間の賃貸借関係は法律上当然に（すなわち別段の意思表示がなくても）新所有者と賃借人との間に移り，新所有者は旧所有者の賃貸借契約上の地位を承継し，旧所有者は完全にその関係から脱退するとしている[5]。新民法605条の2はこの判例法理を明文化した。

　また，判例は賃借権の設定された土地が譲渡された事案で，譲受人は賃借物の所有権の移転につきその登記を経由しなければこれを賃借人に対抗することができないとしている[6]。新民法605条の2第3項は，この判例法理を明文化するものである。

　他方，判例は賃貸人たる地位が不動産の譲受人に承継される場合，敷金関係

5　大判大正10年5月30日民録27輯1013頁
6　最判昭和49年3月19日民集28巻2号325頁

が譲受人に承継されるとしている[7]。

　また，建物賃貸借の賃借人が賃借物に有益費を支出した後に賃貸人たる地位に移転が生じた事例で，有益費支出後，賃貸人が交替したときは，特段の事情のない限り，新賃貸人において旧賃貸人の権利義務一切を承継し，旧賃貸人は右償還義務を負わない[8]。新民法605条の2第4項は，上記判例法理を明文化するものである。

　もっとも，敷金の承継がある場合に，承継される敷金の範囲について新民法は何も規定していない。この点判例は，建物賃貸借の賃貸人たる地位に移転があった事例で，旧賃貸人に差し入れられた敷金は，賃借人の旧賃貸人に対する未払賃料債務があればその弁済としてこれに当然充当され，その限度において敷金返還請求権は消滅し，残額についてのみその権利義務関係が新賃貸人に承継されると判示している[9]。

　新民法の下でも，上記判例法理が妥当するので，紛争予防の観点からは，敷金が充当される関係を旧所有者・新所有者間で確認する文書を交わしておく等の対応が必要となろう（後記「契約書式例」6条5項・6項参照）。

　賃借物である不動産が譲渡された場合でも，譲渡当事者や賃貸借当事者のいずれも賃貸人の地位の移転を望まないケースもある。

　新民法605条の2第2項は，賃貸人たる地位の留保に関するルールを整理し，①譲渡人および譲受人間で賃貸人たる地位を留保する旨の合意および当該不動産を譲受人が譲渡人に賃貸する旨の合意があることを賃貸人たる地位の留保の要件とする一方，②譲渡人と譲受人または承継人（以下「譲渡当事者等」という）との間の賃貸借が終了した場合には，譲渡人に留保されていた賃貸人たる地位が譲受人または承継人に移転することとして，賃借人保護を図った。

　なお，譲渡当事者等の間で賃貸借が終了し，賃貸人たる地位が譲受人・承継人に移転する場合には，費用償還債務や敷金返還債務が譲受人・承継人に移転する（新民法605条の2第4項）。

7　最判昭和44年7月17日民集23巻8号1610頁
8　最判昭和46年2月19日民集25巻1号135頁
9　前掲最判昭和44年7月17日民集23巻8号1610頁

(2)　合意による賃貸人たる地位の移転

　賃借人が賃借権を譲受人に対抗できない場合には賃借物たる不動産の譲渡によっても当然には賃貸人たる地位の移転は生じないので，賃貸人たる地位を移転させるためには不動産の譲渡人と譲受人との間に合意が必要になる。この合意は債務引受の性質を伴うが，賃貸人の義務は賃貸人が何人でも履行方法にかわりがないため，判例上賃借人の承諾は不要とされている[10]。新民法605条の3は，上記判例法理を明文化したものである。

8　適法な転貸借の法律関係

　新民法は，適法な転貸借がなされた場合に転借人が賃貸人（原賃貸人）に対して負う直接の義務について，賃貸人（原賃貸人）と賃借人（転貸人）との間の賃貸借に基づく賃借人の債務の範囲を限度とするものとして，転借人の直接の義務の範囲の明確化を図っている（新民法613条1項）。

　また判例は，適法な転貸借がなされた場合に，賃貸人（原賃貸人）は，信義則上，原賃貸借の合意解除の効果を転借人に対抗できないとしている[11]。

　新民法は，適法な転貸借がされた後に，原賃貸借契約が合意解除により終了した場合，原賃貸人は合意解除を転借人に対抗できないとした。もっとも，合意解除時点で賃貸人が賃借人（転貸人）の債務不履行に基づく解除権を有していた場合には，原賃貸人は転借人に解除の効力を主張できる。

9　不動産の賃借人による妨害停止の請求

　判例は，対抗要件を備えた土地の賃借人が，賃借物の占有者に対して当該賃借物の返還を請求することを認めている[12]。学説上も対抗要件を備えた不動産賃借人は，賃借物の使用収益を妨害している者に対して賃借権に基づく妨害排

10　最判昭和46年4月23日民集25巻3号388頁
11　最判昭和38年2月21日民集17巻1号219頁，最判昭和62年3月24日集民150号509頁
12　最判昭和28年12月18日民集7巻12号1515頁，最判昭和30年4月5日民集9巻4号431頁

除請求をできるとする考え方が通説的地位にある。

　新民法は，上記の判例・通説の考え方を明文化して，対抗要件を備えた不動産の賃借人の妨害排除請求権・返還請求権に関する規定を新設した。

　判例および通説的見解は，上記のほか賃借人は対抗要件を具備しているか否かにかかわらず，賃貸人が所有者として当該第三者に対して有する所有権に基づく妨害排除請求権を代位行使（民法423条）することを認めており[13]。新民法下でもこの判例法理は維持されるものと解される。

10　敷　金

　新民法は，敷金に関する規定を新設し，敷金を「いかなる名目によるかを問わず，賃料債務その他の賃貸借に基づいて生ずる賃借人の賃貸人に対する金銭の給付を目的とする債務を担保する目的で，賃借人が賃貸人に交付する金銭」と定義した（新民法622条の2）。これは，通説[14]や判例[15]の考え方を踏襲するもので，「保証金」「権利金」「契約金」等の名称であっても，賃貸借に基づいて生ずる賃借人の賃貸人に対する金銭債務を担保する目的であれば，同条の「敷金」として取り扱われる。

　判例は，賃貸借終了後，建物明渡しがなされた時において，それまでに生じた右の一切の被担保債権額を控除しなお残額があることを条件として，その残額につき敷金返還請求権が発生するものとして，敷金の発生を賃借物の返還という停止条件にかからせる構成を採っている[16]。

　他方，賃借権が譲渡された場合は，原則的に敷金に関する敷金交付者の権利義務関係は新賃借人に承継されないとする立場から，判例[17]および通説は，賃借権譲渡の時点で賃貸人の旧賃借人に対する敷金返還債務が発生するとしていた。

　新民法622条の2は，以上の判例・通説の考え方をふまえて①賃貸借が終了

13　大判昭和4年12月16日民集8巻944頁
14　我妻榮『民法講義V2債権各論中巻1』（岩波書店，昭和43年）472頁以下
15　大判大正15年7月12日民集5巻616頁
16　最判昭和48年2月2日民集27巻1号80頁
17　最判昭和53年12月22日民集32巻9号176頁

し，かつ賃貸物の返還を受けたとき，または②賃借人が適法に賃借権を譲り渡したときに敷金返還請求権が発生するとした。

　賃借人が賃貸人に対して債務不履行に基づく損害賠償債務を負う場合に，賃貸人が敷金を充当することは可能だが，賃借人から賃貸人に対して，敷金を当該損害賠償債務に充当することを請求することは判例上否定されている[18]。新民法622条の２第２項は，この判例の立場を踏襲するものである。

18　大判昭和５年３月10日民集９巻253頁

【契約書式例】

賃貸住宅契約書

(1) 賃貸借の目的物							
建物の名称・所在地等	名　称						
	所在地						
	構　造	共同建 長屋建 一戸建 その他	構造	木造 非木造 ※該当する方に○をつける。			工事完了日
						階建	年 〈大修繕等を （　　）年に 実　施〉
			戸数			戸	
住戸部分	住戸番号		号室	間取り	（　　）LDK・DK・K／ワンルーム／		
	面　積		㎡				
	設備等	トイレ	専用（水洗・非水洗）・共用（水洗・非水洗）				
		浴　室	有・無				
		シャワー	有・無				
		給湯設備	有・無				
		ガスコンロ	有・無				
		冷暖房設備	有・無				
		※上記以外で書いておくべきことがあれば，この余白を利用する。	有・無 有・無 有・無 有・無				
		使用可能電気容量	（　　　　　　　）アンペア				
		ガ　ス	有（都市ガス・プロパンガス）・無				
		上水道	水道本管より直結・受水槽・井戸水				
		下水道	有（公共下水道・浄化槽）・無				

附属施設	駐車場	含む・含まない	
	自転車置場	含む・含まない	
	物　置	含む・含まない	
	専用庭	含む・含まない	
		含む・含まない	
		含む・含まない	

(2)　契約期間

始期	年　　　月　　　日から	
終期	年　　　月　　　日まで	年　　　月間

(3)　賃借の目的

(4)　賃料等

賃料・共益費		支　払　期　限	支　払　方　法	
賃料	円	当月分・翌月分を毎月　　　日まで	振込または持参	振込先金融機関名： 預金：普通・当座 口座番号： 口座名義人：
共益費	円	当月分・翌月分を毎月　　　日まで		持参先：
敷金	賃料　　か月相当分 　　　　　　円	その他一時金		
附属施設使用料				
そ　　の　　他				

(5) 貸主および管理人

貸　　　　主 (社名・代表者)	住所　〒 氏名　　　　　　　電話番号
管　理　人 (社名・代表者)	住所　〒 氏名　　　　　　　電話番号

建物の所有者	住所　〒 氏名　　　　　　　電話番号

(6) 借主および同居人

	借　　　　主	同　居　人
氏　　　　名		合計　　　人
緊急時の連絡先	住所　〒 氏名　　　　電話番号　　　借主との関係	

(契約の締結)

第1条　貸主（以下「甲」という。）および借主（以下「乙」という。）は，頭書(1)に記載する賃貸借の目的物（以下「本物件」という。）について，以下の条項により賃貸借契約（以下「本契約」という。）を締結した。

(契約期間)

第2条　契約期間は，頭書(2)に記載するとおりとする。

2　甲および乙は，協議の上，本契約を更新することができる。

(使用目的)

第3条　乙は，頭書(3)に記載する目的のみを本物件賃借の目的として本物件を使用しなければならない。

(賃　料)

第4条　乙は，頭書(4)の記載に従い，賃料を甲に支払わなければならない。

2　1か月に満たない期間の賃料は，1か月を30日として日割計算した額とする。

3　甲および乙は，次の各号の一に該当する場合には，協議の上，賃料を改定することができる。

　一　土地または建物に対する租税その他の負担の増減により賃料が不相当となった場合

　二　土地または建物の価格の上昇または低下その他の経済事情の変動により賃料

　が不相当となった場合

　三　近傍同種の建物の賃料に比較して賃料が不相当となった場合

（共益費）

第5条　乙は，階段，廊下等の共用部分の維持管理に必要な光熱費，上下水道使用料，清掃費等（以下この条において「維持管理費」という。）に充てるため，共益費を甲に支払うものとする。

2　前項の共益費は，頭書(4)の記載に従い，支払わなければならない。

3　1か月に満たない期間の共益費は，1か月を30日として日割計算した額とする。

4　甲および乙は，維持管理費の増減により共益費が不相当となったときは，協議の上，共益費を改定することができる。

（敷　金）

第6条　乙は，本契約から生じる債務の担保として，頭書(4)に記載する敷金を甲に差し入れるものとする。

2　乙は，本物件を明け渡すまでの間，敷金をもって賃料，共益費その他の債務と相殺をすることができない。

3　甲は，本物件の明渡しがあったときは，遅滞なく，敷金の全額を無利息で乙に返還しなければならない。ただし，甲は，本物件の明渡し時に，賃料の滞納，原状回復に要する費用の未払いその他の本契約から生じる乙の債務の不履行が存在する場合には，当該債務の額を敷金から差し引くことができる。

4　前項但書の場合には，甲は，敷金から差し引く債務の額の内訳を乙に明示しなければならない。

5　甲から第三者（以下「承継人」という。）に対して賃貸人たる地位が承継された場合には，承継人は甲の乙に対する敷金返還義務を承継する。

6　前項の場合において，賃貸人たる地位が承継される時点（以下「承継時」という。）において乙の甲に対する未払債務が存在するときは，承継人は乙が甲に差し入れた敷金の額から承継時の乙の未払債務の額を充当した残額の範囲で敷金返還義務を承継する。

（禁止または制限される行為）

第7条　乙は，甲の書面による承諾を得ることなく，本物件の全部または一部につき，賃借権を譲渡し，または転貸してはならない。

2　乙は，甲の書面による承諾を得ることなく，本物件の増築，改築，移転，改造

もしくは模様替または本物件の敷地内における工作物の設置を行ってはならない。

3　乙は，本物件の使用に当たり，別表第1に掲げる行為を行ってはならない。

4　乙は，本物件の使用に当たり，甲の書面による承諾を得ることなく，別表第2に掲げる行為を行ってはならない。

5　乙は，本物件の使用に当たり，別表第3に掲げる行為を行う場合には，甲に通知しなければならない。

（修　繕）

第8条　甲は，別表第4に掲げる修繕を除き，乙が本物件を使用するために必要な修繕を行わなければならない。この場合において，乙の故意または過失により必要となった修繕に要する費用は，乙が負担しなければならない。

2　前項の規定に基づき甲が修繕を行う場合は，甲は，あらかじめ，その旨を乙に通知しなければならない。この場合において，乙は，正当な理由がある場合を除き，当該修繕の実施を拒否することができない。

3　乙は，甲の承諾を得ることなく，別表第4に掲げる修繕をその負担において行うことができる。

4　乙は，本物件の修繕が必要な場合で，次に掲げる場合は本物件の修繕をすることができる。

　一　乙が甲に修繕が必要である旨を書面で通知し，または甲がその旨を知ったにもかかわらず，甲が相当の期間内に必要な修繕をしない場合。

　二　急迫の事情がある場合

5　前項の修繕をするに先立ち，乙は甲に対し，修繕の内容および費用について書面による協議をしなければならない。

6　乙が修繕費用を支出したときは，甲に対し，その額を償還することを請求できる。ただし，甲乙が前項の協議をしなかった場合はこの限りではない。

7　甲は乙から本条第4項第1号の通知を受けたときは，本物件内に立ち入ることができる。

（契約の解除）

第9条　甲は，乙が次に掲げる義務に違反した場合において，甲が相当の期間を定めて当該義務の履行を催告したにもかかわらず，その期間内に当該義務が履行されないときは，本契約を解除することができる。

　一　第4条第1項に規定する賃料支払義務

二　第5条第2項に規定する共益費支払義務

三　前条第1項後段に規定する費用負担義務

2　甲は，乙が次に掲げる義務に違反した場合において，当該義務違反により本契約を継続することが困難であると認められるに至ったときは，本契約を解除することができる。

一　第3条に規定する本物件の使用目的遵守義務

二　第7条各項に規定する義務

三　その他本契約書に規定する乙の義務

（乙からの解約）

第10条　乙は，甲に対して少なくとも30日前に解約の申入れを行うことにより，本契約を解約することができる。

2　前項の規定にかかわらず，乙は，解約申入れの日から30日分の賃料（本契約の解約後の賃料相当額を含む。）を甲に支払うことにより，解約申入れの日から起算して30日を経過する日までの間，随時に本契約を解約することができる。

（明渡し）

第11条　乙は，本契約が終了する日までに（第9条の規定に基づき本契約が解除された場合にあっては，直ちに），本物件を明け渡さなければならない。この場合において，乙は，通常の使用に伴い生じた本物件の損耗を除き，本物件を原状回復しなければならない。

2　乙は，前項前段の明渡しをするときには，明渡し日を事前に甲に通知しなければならない。

3　甲および乙は，第1項後段の規定に基づき乙が行う原状回復の内容および方法について協議するものとする。

（立入り）

第12条　甲は，本物件の防火，本物件の構造の保全その他の本物件の管理上特に必要があるときは，あらかじめ乙の承諾を得て，本物件内に立ち入ることができる。

2　乙は，正当な理由がある場合を除き，前項の規定に基づく甲の立入りを拒否することはできない。

3　本契約終了後において本物件を賃借しようとする者または本物件を譲り受けようとする者が下見をするときは，甲および下見をする者は，あらかじめ乙の承諾を得て，本物件内に立ち入ることができる。

4 甲は，火災による延焼を防止する必要がある場合その他の緊急の必要がある場合においては，あらかじめ乙の承諾を得ることなく，本物件内に立ち入ることができる。この場合において，甲は，乙の不在時に立ち入ったときは，立入り後その旨を乙に通知しなければならない。

（連帯保証人）

第13条　丙は，乙と連帯して，本契約から生じる乙の一切の債務を負担するものとする。

2　丙が負担する債務の極度額を○○○○○○円とする。

3　甲が丙に対して履行の請求をした場合には，乙に対しても履行の請求の効力を生ずるものとする。

> 4　甲と乙は，乙が丙に対して保証を委託するに際し，次の各号の情報をすべて提供したことを確認する。
> 一　財産および収支の状況
> 二　主たる債務以外に負担している債務の有無ならびにその額および履行状況
> 三　主たる債務の担保として他に提供し，または提供しようとするものがあるときは，その旨およびその内容
> 5　乙は丙に提供した前項の情報がすべて真実かつ正確であることを表明し保証する。
> 6　丙は，乙から保証の委託を受けるにあたり，前項各号の情報のすべてにつき提供を受けたこと，および，乙から提供された情報の内容を理解して保証契約を締結したことを確認する。
> （注：本条4項から6項は，事業用不動産の賃貸借で保証人が個人である場合に設ける条項である）

（協　議）

第14条　甲および乙は，本契約書に定めがない事項および本契約書の条項の解釈について疑義が生じた場合は，民法その他の法令および慣行に従い，誠意をもって協議し，解決するものとする。

（特約条項）

第15条　本契約の特約については，下記のとおりとする。

別表第1　（第7条第3項関係）

一　鉄砲，刀剣類または爆発性，発火性を有する危険な物品等を製造または保
　　管すること。
二　大型の金庫その他の重量の大きな物品等を搬入し，または備え付けること。
三　排水管を腐食させるおそれのある液体を流すこと。
四　大音量でテレビ，ステレオ等の操作，ピアノ等の演奏を行うこと。
五　猛獣，毒蛇等の明らかに近隣に迷惑をかける動物を飼育すること。

別表第2　（第7条第4項関係）

一　階段，廊下等の共用部分に物品を置くこと。
二　階段，廊下等の共用部分に看板，ポスター等の広告物を掲示すること。
三　鑑賞用の小鳥，魚等であって明らかに近隣に迷惑をかけるおそれのない動
　　物以外の犬，猫等の動物（別表第1第五号に掲げる動物を除く。）を飼育する
　　こと。

別表第3　（第7条第5項関係）

一　頭書(6)に記載する同居人に新たな同居人を追加（出生を除く。）すること。
二　1か月以上継続して本物件を留守にすること。

別表第4　（第8条関係）

畳表の取替え，裏返し	ヒューズの取替え	障子紙の張替え
ふすま紙の張替え	給水栓の取替え	排水栓の取替え
電球，蛍光灯の取替え	その他費用が軽微な修繕	

　下記貸主（甲）と借主（乙）は，本物件について上記のとおり賃貸借契約を締結し，また甲と連帯保証人（丙）は，上記のとおり乙の債務について保証契約を締結したことを証するため，本契約書3通を作成し，記名押印の上，各自その1通を保有する。

　　　　年　　　　月　　　　日
貸　主（甲）　住所　〒

　　　　氏名　　　　　　　　　　　　　　　　　　　　　　　　　　　　　　㊞

借　主（乙）　住所　〒

　　　　　氏名　　　　　　　　　　　　　　　　　　　　　㊞
連帯保証人（丙）　　住所　〒

　　　　　氏名　　　　　　　　　　　　　　　　　　　　　㊞
〔媒介・代理〕業者
免許証番号〔　　　　　〕知事・建設大臣（　　　　　）第　　　　号
事務所所在地　　〒

商　　　号（名称）

代表者氏名　　　　　　　　　　　　　　　　　　　　　　㊞

宅地建物取引士　登録番号〔　　　　〕知事　第　　　　号

　　　　　氏　名　　　　　　　　　　　　　　　　　　　㊞

第11章

消費貸借契約と法定利率

　金銭の借入れについて貸主と借主が合意をしても，実際に金銭が交付される
まで契約は成立しないとされていた（旧民法587条）。しかし，実務上，当事者
間の合意のみで貸主に目的物を貸すことを義務付ける契約（諾成的消費貸借契
約）が運用されていた。このような実務の流れを受けて，今回の改正では，書
面によることを要件として，諾成的消費貸借契約が明文で認められた（新民法
587条の2）。あわせて，諾成的消費貸借契約を解除した場合の損害賠償などの
規律が定められた。

　また，新民法では法定利率の固定制が変更され，利率に関する取扱いが大き
く変わることとなる。

実務上のポイント

- 当事者間の合意のみで貸主に目的物を貸すことを義務付ける契約（諾成的消費貸借契約）が明文で認められた。
- 諾成的消費貸借契約が成立しても，目的物を受け取るまでは，借主は契約を解除することができる。
借主が解除権を行使したことによって貸主に損害が発生した場合は，借主は貸主に対し損害賠償義務を負う。
- 借主が期限前返還をしたことにより，貸主に現に損害が生じた場合，借主は損害賠償義務を負う。貸主が借主に損害を請求するには，現に被った損害，借主の期限前弁済と貸主の被った損害との間の因果関係を立証しなければならない。
- 法定利率は，その利息が生じた最初の時点におけるものが適用される。また，金銭債務の不履行に基づく損害賠償額は，遅滞に陥った時点の法定利率が適用される。このため，利息が生じた期間または金銭債務不履行のあった期間ごとに異なる利率計算が求められることはない。
- 法定利率は，民事法定利率・商事法定利率とも年３％（施行日当初の利率）となる。６％の商事法定利率を定めていた商法514条は削除される。
- 法定利率は３年ごとに見直され，１％単位で増減することがある。
- 中間利息の控除は，賠償請求権が生じた時点の法定利率により算定される。

1 諾成的消費貸借契約

(1) 書面による契約

　実務上，「銀行融資枠」「コミットメントライン契約」などの諾成的消費貸借契約が用いられてきた。「銀行融資枠」「コミットメントライン契約」とは，銀行が顧客である企業に対し，例えば，「５億円の範囲であれば，令和○○年までの間，借主の請求があればいつでも融資する」などと，一定の期間内は一定の範囲内の金額を満たすまで融資することを約束（コミット）する契約である。

　諾成的消費貸借契約では，貸主には借主に金銭等を貸す義務，借主には借りる義務が発生するところ，安易に金銭の貸し借りを口約束でしてしまった当事者に契約としての拘束力を認めるのは不合理であることから，書面によって行うことが要件とされている（新民法587条の2第1項）。

　書面は，金銭その他の物を貸す旨の貸主の意思，それを借りる旨の借主の意思の両方が現れている必要があるが，契約の詳細な内容まで具体的に記載されている必要はないと解されている。ただし，後日の紛争を避けるためには，合意内容を明確に記載するよう留意する必要がある。

　また，これらの意思は，1つの書面に表れている必要はなく，借主が書面で金銭の借入れを申し込み，それに対し，貸主が別の書面で承諾する旨を返答すれば，書面によって消費貸借契約を締結したことになる。

　消費貸借がその内容を記録した電磁的記録（電子メール等）によって行われた場合も書面によってされたものとみなされる（新民法587条の2第4項）。

(2)　借主の解除権

　諾成的消費貸借契約が成立した場合，借主が金銭その他の物を受け取る前に，資金需要がなくなったにもかかわらず，借主を契約に拘束させることは不合理であることから，目的物を受け取るまでは，借主は契約を解除することができる（新民法587条の2第2項）。

　借主が解除した場合において，貸主において損害が発生した場合は，借主は貸主に対し損害賠償義務を負う（同条同項）。貸主が，借主に損害賠償を請求するには，貸主の側で，現実に被った損害，借主の解除と貸主の被った損害との間の因果関係を立証する必要がある。

　この立証は煩雑である上，それをめぐって当事者間に紛争が生じるおそれがある。そこで，この損害の範囲をあらかじめ明確にしておくことは，将来の紛争の予防等の観点から有益である。例えば，以下のような損害賠償額の予定条項を入れておくことも考えられる。

> 第○条
>
> 　乙は，甲から金銭を受け取るまでは，契約の解除をすることができる。この場合において，乙は，甲に対し，その賠償金として金○○円を支払う。

　ただし，その賠償金が社会通念上過大な場合，公序良俗違反（民法90条）に当たるなどとして無効となるおそれがある。

⑶　契約締結後の破産

　諾成的消費貸借契約は，当事者の一方が破産手続開始決定を受けた場合には，効力を失う（新民法587条の２第３項）。旧民法の解釈を明文化した。

　当事者の一方が，破産手続以外の法的債務整理手続の開始手続を受けた場合について，契約書に取扱いを規定するのは有益である。

　例えば，以下の条項を入れることが考えられる。

> 第○条
>
> 　乙が甲から金銭を受け取る前に甲または乙が破産，会社更生，民事再生を自ら申し立て，またはこれにかかる手続の開始決定を受けたときは，他方当事者は，本契約を解除することができる。

2　消費貸借契約の返還期限前返還における損害賠償

⑴　返還期限前返還

　消費貸借における返還時期の定めは，通常，借主のために目的物の返還を猶予するものであり，借主に目的物を借りる義務を負わせるものではないとの解釈から，旧民法は，当事者間に返還時期の定めがあっても，借主はいつでも目的物を返還できると解されていた。新民法591条２項は，これを明文化したものである。

(2)　損害賠償義務

　新民法591条3項は，借主が期限前返還をしたことにより，貸主に現に損害が生じた場合について，借主は損害賠償義務を負うと規定した。しかし，借主が期限前返還を行った場合の損害の有無，損害の価額について，具体的な規定は設けられなかった。

　貸主が借主に損害賠償を請求するには，現に被った損害および借主の期限前返還と貸主の被った損害との間の因果関係を立証しなればならない。

　このため，期限前返還を行った場合について，契約書に損害賠償額の予定を定めることは検討に値する。ただし，この賠償額が社会通念上過大であり，公序良俗違反（民法90条）に当たるとして無効とされたり，消費者契約法9条，10条により無効とされる可能性があることに留意する必要がある。

　ここで，損害たり得るのは，住宅ローンの繰り上げ返済時の事務手数料などである。

　利息相当額については当然には請求できず，現実に損害が発生したことの立証が必要となる。ただし，貸主が消費者金融業者の場合は，返済を受けた金員を他に転用することができることから，損害賠償が認められないケースが多いと考えられる。

　また，「銀行融資枠」「コミットメントライン契約」を借主が解除した場合，銀行が得られなくなった手数料（実質的には利子）についても，上記の利息の場合と同じ問題が生じよう。

3　法定利率に関する改正のポイント

(1)　利率の基準時点

　法定利率はその利息が生じた最初の時点を基準に定まると定められたので，その後に法定利率が変動してもこれに連動して利率が変わるわけではない（新民法404条1項）。このため，利息債権の発生後に期間によって利率がまちまちになるということは生じない。

しかし，後述する法定利率の固定制が変更されたことで，複数設定された主たる請求の法律構成ごとに遅延損害金の利率が異なるということは起こり得る。例えば，従業員が就業中の事故等によって傷害を負った場合に勤務先に対して不法行為に基づく損害賠償請求を行うのか，安全配慮義務違反に基づく損害賠償請求を行うのかによって，遅延損害金の利率が異なるということが起こり得る。すなわち，不法行為に基づく損害賠償請求における遅延損害金の発生日は不法行為の時であるのに対し，安全配慮義務違反に基づく損害賠償請求における遅延損害金の発生日は履行の請求を受けた時であるため[1]，不法行為の後，履行請求までに法定利率に変動が生じれば，法律構成ごとに遅延損害金の利率が異なることとなる。

(2)　利率の変動

法定利率は，3年を一期とし，一期ごとに見直される（新民法404条1項〜5項）。具体的には，最後に法定利率の変動があった期と当期とを比較して，各期の初日の属する年の6年前の年の1月から5年間の各月における短期貸付けの平均利率の差が1％以上ある場合，当該割合の差を法定利率に加算し，または減算する（1％未満は切り捨てて加減する）。

(3)　中間利息の控除

中間利息の控除に際しては，その損害賠償の請求権が生じた時点における法定利率により中間利息算定が行われる（新民法417条の2第1項）。したがって，交通事故等の不法行為に基づく損害賠償請求権については不法行為時の法定利率が適用され，債務不履行責任に基づく損害賠償請求権については債務不履行があった時の法定利率が適用される。

1　最判昭55年12月18日民集34巻7号888頁

⑷　契約実務への影響

　契約条項において利率を定めている場合，法定利率は適用されない。した
がって，下記の条項例のような利率に関する契約条項を設けることで，法定利
率に関する法改正にかかわらず，約定利率が適用されることとなる。

【契約条項例】

（遅延損害金）

　　乙が第○項の支払いを怠ったときは，支払期日の翌日から支払い済みまで
　年14.6％の割合による遅延損害金（年365日の日割計算）を甲に支払う。

第12章

保証債務

　保証債務に関する民法改正の概要は，次のように整理できる。

　1点目として，保証債務の内容に関する規定が改められ，①主債務が事後的に加重された場合の保証債務の内容，②主債務者に生じた事由が保証人の地位に及ぼす効力，③連帯保証人に生じた事由が及ぼす効力，④保証人の求償権および求償権の制限に関する規定が整備された。

　2点目として，保証人を保護する制度が整備された。まず，保証人が個人である場合について，主債務者が個人に保証を委託する際の主債務者の保証人に対する情報提供義務が定められた。

　また，事業用に融資された貸金等を個人が保証する場合においては，主債務の期限の利益喪失にかかる債権者の保証人に対する情報提供義務が定められる一方，債務者と一定の関係にある者が保証する場合を除いて公正証書によって保証の意思を表示することが保証の効力発生要件とされた。

　さらに，保証契約全般について，主たる債務の履行状況や期限の利益の喪失にかかる債権者の保証人に情報提供義務が定められた。

　3点目として，根保証に関する規定が改正され，貸金等債務についての包括根保証の規制，個人による貸金等根保証契約の元本確定事由の定めの対象が貸金等債務以外の個人保証にも拡大された。

　新民法は，保証債務の規律に上記のような改正を加え，一般の保証契約，個人根保証契約，事業用融資の保証契約の三類型を設けて規律している。

実務上のポイント

・原則的に保証人に対する履行の請求は主債務者に対して効力を生じなくなり
（相対的効力），保証人に対する履行の請求によっても主債務の時効完成は猶
予・更新されない。
・保証人の求償権および求償権の制限に関する規定が整備された。
・包括根保証が禁止され極度額の定めが必要な根保証契約の範囲が個人が保証
する根保証契約全般に拡大された。
・一定の事由の発生により元本が確定することが個人が保証する根保証契約全
般に拡大された。
・主債務の履行状況や期限の喪失にかかる債務者の保証人に対する情報提供義
務が定められた。
・事業上の債務を主債務とする保証または主債務に事業上の債務を含む根保証
において，①保証委託者（主債務者）から保証人に対する情報提供義務およ
び②債権者から保証人に対する情報提供義務が定められた。
・事業のために負担した貸金等債務を主債務とする個人の保証契約または事業
のために負担する貸金等債務が主債務の範囲に含まれる個人根保証契約にお
いて，公正証書による保証意思の確認手続が必要になった。

---

1 保証債務の内容に関する改正

(1) 保証債務の附従性に関する改正

　旧民法448条は，保証債務と主債務の関係について「保証人の負担が債務の
目的又は態様において主たる債務より重いときは，これを主たる債務の限度に
減縮する。」と規定しているが，これは保証債務の附従性の現れである。

　保証債務の附従性は，保証債務の成立，内容，消滅の各局面で妥当する。保
証債務の内容における附従性によれば，保証契約成立後も主債務の内容が軽減
された場合には，保証債務も主債務の限度で軽減されることになる。

　これに対して，保証契約の成立後に主債務の内容が加重された場合の保証債

務の帰趨については明文の規定がなく，保証債務の附従性からも当然には結論
は導かれない。

　契約秩序の基本理念である私的自治の原則によれば，法定債権関係が発生す
る場合は別論，みずからが相手方に対して義務を負担・加重することを承認し
ない限り，その義務が発生または加重することはない。したがって，保証契約
の成立後に主債務の内容が加重されても，その効力は保証人には及ばない。こ
のことから，保証契約成立後の主債務の加重が保証債務の内容に影響しないこ
とは，学説上も実務上もほぼ異論なく認められてきた。

　新民法448条2項は，従来の通説的見解をふまえて，主債務の目的または態
様が保証契約の締結後に加重されても，保証人の負担が加重されないことを明
文で明らかにした。

　旧民法457条2項は，保証人が債務者の抗弁を援用できる場合のうち，相殺
の抗弁の場合についてのみ明文で規定していたが，新民法457条2項は保証人
が援用できる抗弁を抗弁一般に拡大した。

　保証債務の附従性は，主債務者が債権者に対して有する抗弁権を援用できる
ことを帰結し，判例も同旨の結論を示していたが[1]，新民法457条2項は上記判
例の法理を確認して明文化したものである。

　保証債務の附従性は，成立，消滅の局面でも妥当する。したがって，主債務
者が主債務の発生原因となる契約を取り消しもしくは解除した場合，または主
債務を反対債権で相殺した場合は，主債務は消滅し，保証債務も附従性によっ
て消滅することになる。

　しかしながら，主債務者がこのような取消し等の意思表示をしていない場合
には，主債務は現存しているから，保証人は附従性による主債務の消滅を主張
して保証債務の履行を拒むことができない。

　他方で，保証人自身が主債務の取消し等の意思表示をできるとすることは主
債務者の私的自治と緊張関係を帯びることになり妥当ではない。

　そこで，学説の通説は，主債務の発生原因事実である意思表示が取り消され
るか否かが確定するまで保証人は主債務者の請求に対して履行を拒絶できると

1　最判昭和40年9月21日民集19巻6号1542頁

し，保証人は主債務者が相殺の意思を表示した場合に主債務が消滅する限度で履行を拒絶できるとしていた。

新民法457条3項は，上記のような通説的な考え方を明文化し，主債務者が債権者に対して相殺権，取消権または解除権を有するときは，これらの権利の行使によって主たる債務者がその債務を免れるべき限度で保証人は債権者に対して債務の履行を拒むことができるものとした。

(2)　連帯保証人に生じた事由が及ぼす効力

連帯保証人に生じた事由が及ぼす効力にかかる改正点で重要なものは，保証人に対する履行の請求と主債務の時効との関係である。

すなわち旧民法458条は，連帯債務に関する同434条を準用していたため，旧民法の下では連帯保証人に対する履行の請求が主債務者にも効力を生じ，その結果，連帯保証人に対して履行の請求が主債務の消滅時効の中断事由となっていた。他方，保証契約は主債務者の関与がなくても成立するものであるから，旧民法の下においては，主債務者に断りなく保証した保証人に債権者が保証債務の履行を請求することによって時効を中断することが可能となる。このような旧民法の規定では，主債務者が関知しないところで思わぬ損害を被るおそれがあった。

そこで新民法は，別段の意思表示がない限り，保証人に対する履行の請求が相対的効力を有するにとどまることとした（新民法441条本文，458条）。

(3)　保証人の求償

新民法459条1項は委託を受けた保証人の求償について，その額の基準を明示した。

すなわち，求償額は保証人の支出額を基準とする一方，債務消滅行為が代物弁済等である場合を想定して，弁済に供した財産の額が消滅した主債務の額を超える場合に，その消滅した額が基準となるものとした。

新民法459条の2は，委託を受けた保証人が主債務の弁済期前に保証債務に

ついて弁済等の債務消滅行為（以下「弁済等」という）をした場合（期限前弁済）の規定である。

期限前弁済の場合にも，新民法459条1項の規定に従って求償権を行使できるとすると，期限前弁済は，期限の利益等の主債務者の利益を害するおそれがある。そこで新民法459条の2第1項前段は保証人が期限前弁済をした場合の求償権の範囲を，主債務者が弁済等の当時に利益を受けた程度に限定した。

また，委託を受けた保証人と主債務者がいずれも債権者に反対債権を有してしている場合，保証人が主債務の弁済期が到来する前に，保証債務の期限の利益を放棄して自己の有する反対債権で保証債務を相殺することがあり得るが，この場合にも保証人が常に債務が消滅した額を額面どおりに主債務者に求償できるとすると，保証人は債権者の無資力の危険を主債務者に負担させつつ自己の利益を図ることが可能になってしまう[2]。

このような不都合を避けるため，新民法459条の2第1項後段は，主債務者が保証人からの求償に対して，弁済等の日以前に相殺の原因となる反対債権を有していたことを主張する場合には，主債務者は相殺の抗弁をもって保証人に対抗できることを前提に，保証人は債権者に対して同反対債権の履行を請求できるものとした。この法的構成としては，①主債務者の債権者に対する反対債権が保証人に移転するとの考え方，②保証人から債権者に対する一種の法定債権が発生し，反面，主債務者の債権者に対する反対債権は消滅するとの考え方，③保証人から債権者に対する法定債権が発生し，かつ主債務者の債権者に対する反対債権も存続して保証人に移転するとする考え方などがあり得る。条文上はそのいずれの考え方によるかは明らかではないため，議論の詳細は今後の研究に譲る。

新民法459条の2第2項は，期限前弁済の場合の求償権の利息等を明示し，これを主債務の弁済期から発生するものとした。

委託を受けた保証人が期限前弁済をした場合，保証人が実際に求償権を行使できる時期については旧民法には明文がなく，判例[3]は，保証人は主債務の期限の到来まで求償権を行使できないとしていた。新民法459条の2第3項は，

2　民法（債権関係）の改正に関する中間試案の補足説明215頁
3　大判大正3年6月15日民録20輯476頁

上記判例の法理を明文化したものである。

なお，委託を受けない保証人の求償権の範囲は，民法改正の前後で特段の変更はない。

委託を受けない保証人の期限前弁済には，新民法462条3項によって委託を受けた保証人の期限前弁済に関する規定（新民法459条の2第3項）が準用される。

(4)　保証人の主債務者に対する通知義務

保証人の主債務者に対する事前・事後の通知義務に関する定めも整理された。

法が保証人に事前・事後の通知義務を課し，事前・事後の通知を怠った保証人の主債務者に対する求償を制限する趣旨は，保証債務の履行当時に主債務者が債権者に対抗する事由を有している場合を想定して，主債務者が当該事由を主張する利益を保護することにある。

例えば，主債務者が保証人に対して履行期が既に到来している反対債権を有している場合に，保証人が事前の通知なく保証債務を弁済してしまうと，主債務者は反対債権を自働債権とする相殺の機会を失ってしまう。かような場合にも何らの制限なく保証人が求償権を行使できるとすると，債権者の資力が悪化している場合には，主債務者としては求償にも応ずることを余儀なくされる一方で反対債権の回収の機会を失うことになってしまう。

このような不都合を回避するため，旧民法は，事前・事後の通知の懈怠を求償権制限に結びつけ，主債務者の保護を図っていた。すなわち，弁済等に先立って主債務者にその旨の通知をすること（事前の通知）を怠った保証人は主債務者が債権者に対抗できる事由を有していたときは，その事由をもって保証人に対抗できるとしており，保証人は当該事由を主張することで免れ得た価額について主債務者に求償できない（旧民法463条1項・443条1項）。また保証人が弁済等をしたことを主債務者に通知すること（事後の通知）を怠った場合にはその後に善意で主債務を弁済等をした主債務者は，みずからの債務消滅行為を有効とみなすことができるとしている（旧民法463条1項・443条2項）。

しかしながら，主債務者からの委託を受けない保証人は，求償できる範囲が

弁済等の当時に主債務者が利益を受けた限度（主債務者の意思に反しない保証
人の場合）または主債務者が現に利益を受けている限度（主債務者の意思に反
する保証人の場合）に制限されるため，主債務者からの委託を受けない保証人
は主債務者が債権者に対抗できる事由で支払いを免れ得る額は元来求償できな
いはずである（旧民法462条2項・新民法462条2項）。

　そこで，新民法463条1項は，主債務者からの委託を受けた保証人のみが事
前通知義務の規定の対象となることを定めた。

　他方，委託を受けない保証人で主債務者の意思に反する保証人については，
その求償の範囲が主債務者が現に利益を受けている限度に制限される以上（旧
民法462条2項・新民法462条2項）主債務者が債権者に対抗できる事由によって
請求を免れ得た額は求償可能な範囲を外れることになる。

　新民法463条3項は，上記の点を踏まえ，主債務者の意思に反する保証人に
ついては事後の通知を懈怠したことを求償権の制限の要件から外した。

　なお，委託を受けた保証人と，主債務者から受託を受けない保証人でかつ主
債務者の意思に反しない保証人は，旧民法下と同様，新民法においても事後通
知の懈怠が求償権制限の要件となる。

2　根保証に関する改正

(1)　根保証に関する旧民法の規律

　旧民法が個人の根保証人の保護を目的として設けている制度には，貸金等根
保証契約における極度額の規定，元本確定期日の規定，元本確定事由の規定が
ある。

　すなわち旧民法は，金銭の貸渡しまたは手形の割引を受けることによって負
担する債務（以下「貸金等債務」という）を主債務とする個人保証人による根保
証契約を「貸金等根保証契約」とし（旧民法465条の2第1項），貸金等根保証
契約においては極度額の定めがあることを効力発生要件としている（いわゆる
包括根保証の禁止）。具体的には，主たる債務の元本，主たる債務に関する利
息，違約金，損害賠償その他その債務に従たるすべてのものおよび保証債務に

ついて約定された違約金，または損害賠償の額について，その全部にかかる極
度額を定めなければ貸金等根保証契約は効力を生じない（旧民法465条の2第1
項・2項）。

　また，旧民法は，貸金等根保証契約において元本確定期日が契約締結日から
5年を超えるときは元本確定期日の定めを無効とし（旧民法465条の3第1項），
元本確定期日の定めがない場合（元本確定期日の定めが無効となる場合を含
む）は契約締結日から3年で元本が確定するものとしている（旧民法465条の3
第2項）。

　さらに旧民法は，貸金等根保証契約において，①債権者が主債務者または保
証人の財産について金銭の支払いを目的とする債権についての強制執行または
担保権の実行を申し立てたとき（強制執行または担保権の実行の手続の開始が
あったときに限る），②主債務者または保証人が破産手続開始の決定を受けた
とき，③主債務者または保証人が死亡したときには元本が確定するものとして
いる（旧民法465条の4）。

　他方，主債務の範囲に貸金等債務が含まれる根保証契約であって保証人が法
人である場合，保証人の主債務者に対する求償権を保証する契約は，極度額の
定めがないとき，元本確定期日の定めがないとき，または元本確定期日の定め
もしくはその変更が旧民法465条の3第1項もしくは3項の規定を適用すると
すればその効力を生じないものであるときは，効力を生じないものとしている
（旧民法465条の5）。

(2)　根保証に関する新民法の規律

　民法改正においては，上記の規制を，一部を除いて個人が保証する根保証契
約全般に広く拡大した。すなわち新民法は，根保証契約であって保証人が法人
でないものを個人根保証契約と定義して（新民法465条の2第1項），主債務の
極度額の定めを個人根保証契約の効力発生要件とした（新民法465条の2第2項）。

　新民法下では，元本確定事由については，その事由ごとに広く個人根保証契
約に適用されるものと貸金等債務を主債務とするもの（個人貸金等根保証契
約）のみに適用されるものに分けられる。

　まず，個人根保証契約では，①債権者が保証人の財産について金銭の支払い
を目的とする債権についての強制執行または担保権の実行を申し立てたとき
（ただし強制執行または担保権の実行の手続の開始があったときに限る），②保
証人が破産手続開始の決定を受けたとき，③主たる債務者または保証人が死亡
したときに，元本が確定する（新民法465条の４第１項）。

　これに対し，個人貸金等根保証契約では，④債権者が主債務者の財産につい
て，金銭の支払いを目的とする債権についての強制執行または担保権の実行を
申し立てたとき（ただし強制執行または担保権の実行の手続の開始があったと
きに限る），または⑤主債務者が破産手続開始の決定を受けたときにも元本が
確定する（新民法465条の４第２項）。

　新民法465条の４第１項および同２項が個人根保証契約か個人貸金等根保証
契約かによって元本確定事由に差異を設けたことには，個人根保証契約の典型
的場合である賃借人の債務の根保証のケースが念頭に置かれている。すなわち，
賃借人の債務の根保証の場合，④や⑤のような事由が発生しても賃貸人が賃貸
借契約自体を当然に解約できるものではないから，これらを元本確定事由にす
ると，賃貸人は，信用が悪化した賃借人に対して，元本確定事由発生後は賃借
人の債務が無担保の状態にあるままに賃貸を強いられることになりかねず，そ
れは賃貸人にとって不都合であると考えられたからである[4]。

　他方，新民法でも，元本確定期日の規定の適用があるのは個人貸金等根保証
契約に限られる（新民法465条の３）。

　これも，賃借人の債務の根保証の場合を念頭に置いて，元本確定期日以降の
主債務が無担保の状態にあるままに賃貸を強いられる事態を回避するためであ
る[5]。

　なお，根保証契約の元本確定期日・元本確定事由に関する上記規定は，元来，
包括根保証契約を結んだ保証人に任意解約権や特別解約権を認めることによっ
て保証人保護を図るという判例法理の趣旨を敷衍して[6]，根保証契約の元本確定

4　筒井健夫＝村松秀樹『一問一答　民法（債権関係）改正』（商事法務，2018年）138頁
5　筒井健夫＝村松秀樹『一問一答　民法（債権関係）改正』（商事法務，2018年）137頁
6　大判昭和７年12月17日民集11巻2334頁，大判昭和９年２月27日民集13巻215頁，最判昭
　和39年12月18日民集18巻10号2179頁

期日または元本確定事由として再構成したものである。

　しかしながら，任意解約権や特別解約権に関する判例法理は，信義則または事情変更の法理に依拠するものであって，その妥当領域は新民法の定める元本確定期日・元本確定事由の規定が適用される場面に尽きるものではない。

　したがって，任意解約権・特別解約権に関する判例法理は，元本確定事由にかかる諸規定に反しない限りにおいては，新民法下においてもなお先例としての意義を失わず，判例法として妥当するものと考えられる。

3　保証人保護のための諸制度の整備

(1)　保証人に対する情報提供制度（保証全般）

　保証人に対する情報提供制度は，保証契約成立前段階の情報提供義務と，保証契約成立後の情報提供義務の2つの類型に整理される。

　このうち，保証契約成立後の情報提供義務は保証全般にかかるものであり，具体的には主債務の履行状況に関する情報提供義務（新民法458条の2）と，主債務の期限の利益にかかる情報提供義務が定められた（新民法458条の3）。

　すなわち，委託を受けた保証人の請求があった場合は，債権者は遅滞なく①主たる債務の元本，主たる債務に関する利息，違約金，損害賠償，その他その債務に従たるすべてのものについての不履行の有無，②これらの残額，③そのうち弁済期が到来しているものの額に関する情報を提供しなければならないものとされた（新民法458条の2）。

　また，個人保証の場合，主たる債務者が期限の利益を喪失したときは，債権者は期限の利益の喪失を知った時から2か月以内に保証人にその旨を通知しなければならないものとされた。この義務に違反した場合は，債権者は保証人に対し，主たる債務者が期限の利益を喪失した時から通知を現にするまでに生じた遅延損害金にかかる保証債務の履行を請求することができない（新民法458条の3。ただし，期限の利益を喪失しなかったとしても生ずべき遅延損害金を請求することができる）。

(2)　保証人に対する情報提供制度（事業用融資の個人保証の場合）

　事業用融資の保証については，保証契約成立段階における情報提供義務も整備された。すなわち，事業のために負担する債務を主債務とする保証または主債務に事業のために負担する債務が含まれる根保証の委託をする際に，保証を委託する者（主債務者）は，その信用にかかる情報を提供する義務があるものとされた（新民法465条の10）。

　具体的には保証委託者は，①財産および収支の状況，②主たる債務以外に負担している債務の有無ならびにその額および履行状況，③主たる債務の担保として他に提供し，または提供しようとするものがあるときは，その旨およびその内容に関する情報を保証の受託者に提供しなければならない（新民法465条の10第1項）。なお，保証の受託者が法人である場合には，この規定は適用されない（同条3項）。

　主債務者が上記①②③の事項に関する情報を提供せず，または事実と異なる情報を提供したために委託を受けた者がその事項について誤認をし，それによって保証契約合意をした場合，主債務者がその事項に関して情報を提供せずまたは事実と異なる情報を提供したことを債権者が知りまたは知ることができたときは，保証人は，保証契約を取り消すことができる（同条2項）。

(3)　公正証書による保証意思の表示（事業用融資の保証の場合）

　新民法は，事業用融資の保証における保証人保護制度として，事業資金の個人保証にあたり保証意思を公正証書で表示することを要求した。

　すなわち，事業のために負担した貸金等債務を主債務とする個人の保証契約または事業のために負担する貸金等債務が主債務の範囲に含まれる個人根保証契約は，その契約の締結前1か月以内に保証の意思を公正証書で表示していなければ，その効力を生じないものとされた（新民法465条の6第1項）。

　その趣旨は，現実の取引において，個人による保証や根保証が，主債務者との個人的な情義によって，保証人が保証によって引き受けるリスクを十分に理解しないままに保証に応ずることが少なからず見られることをふまえ，後見的

見地から個人の保証・根保証に公証人を介入させ，軽率に保証契約が成立することを防止することにある。

　もっとも，主債務者と一定の関係にある者が事業資金の借入れを保証する場合（いわゆる経営者保証），個人保証にも一定の合理的要請があると考えられるため，新民法は規制の例外を認めている。具体的には，法人である主債務者の債務を当該法人の理事，取締役，執行役またはこれらに準ずる者が保証する場合や，主債務者の株主等のうち一定割合の議決権を有する者（新民法465条の9第1項1号・2号），個人である主債務者の債務を共同して事業を行う者または主たる債務者が行う事業に現に従事している主債務者の配偶者が保証する場合（新民法465条の9第3号）には，この公正証書による保証意思の表示は，適用されない。

　したがって，公正証書による保証意思の表示が要求されるのは，事業用融資を第三者が個人として保証する場合ということになる。

　事業用融資の第三者個人保証の場合に必要となる公正証書による保証意思の表示の手続は次のとおりである。

①　公証人への口授

　事業用融資の第三者個人保証の場合，保証人になろうとする者が下表のとおり保証契約・根保証契約の類型ごとに定められる事項を公証人に口授することが要件とされる。各類型ごとに公証人への口授が必要な事項は次のとおりである。

保証契約（根保証契約を除く）	根保証契約
a 主債務の債権者および債務者 b 主債務の元本 c 主債務に関する利息，違約金，損害賠償その他の債務に従たるすべてのものの定めの有無およびその内容 d 主債務者がその債務を履行しないときは，その債務の全額について履行する意思等を有していること	a 主債務の債権者および債務者 b 主債務の範囲 c 根保証契約における極度額，元本確定期日の定めの有無およびその内容 d 主債務者がその債務を履行しないときには，極度額の限度において元本確定期日または元本確定事由が生ずる時までに生ずべき主たる債務の元本および

	主たる債務に関する利息，違約金，損害賠償その他その債務に従たるすべてのものの全額について履行する意思を有していること

②　公証人による筆記，保証人となろうとする者への読み聞かせ・閲覧

公証人は，保証人になろうとする者の口述を筆記し，これを保証人になろうとする者に読み聞かせまたは閲覧させる。

③　保証人となろうとする者による承認

保証人になろうとする者は，筆記の正確なことを承認した後，署名し，印を押す。

④　公証人による署名押印

公証人が，その証書は上記①〜③の方式に従って作ったものである旨を付記して，これに署名し，印を押すことが必要である。

以上の民法改正のポイントを踏まえ，実務的対応の見直しをするにあたって特に留意すべきポイントを，保証契約の成立，保証債務成立後消滅までの各段階に分けて考察する。

4　保証契約成立段階における留意点

⑴　公正証書による保証意思の確認に関する留意点

新民法では，「事業のために負担した貸金等債務（新民法465条の6）」を個人が保証・根保証した場合の保証契約の成立要件として公正証書による保証意思の確認手続が採用されたことから，まず，保証契約の締結にあたっては，保証意思の確認手続が必要であるかを判断するため，被担保債権が事業資金の貸付け等に該当するかを検討しなければならない。

この点について，改正作業に関与した法務省の立法担当者は，「事業のために負担した貸金等債務（新民法465条の6）」とは「借主が借り入れた金銭等を自らの事業に用いるために負担した」場合を指すとしている。また，「事業のために負担した貸金等債務（新民法465条の6）」に該当するか否かは，借主がその貸付等債務を負担した時点を基準時として，貸主と借主との間でその貸付等の基礎とされた事情に基づいて客観的に定まると理解されている[7]。

この基準によれば，借入れ時点は目的が定まっていない場合や事業以外の目的で貸し付けられた場合は（例えば，教育ローン等），貸金債務を個人が保証する場合にも保証意思の確認手続は不要である一方，借入れ時には事業目的とされた資金が事業目的以外の用途に使われた場合にも「事業のために負担した貸金等債務（新民法465条の6）」に該当することになる。

したがって，債権者の立場からは，保証契約締結時に主債務が事業目的のものであるか否かを明確にしておく必要がある。

例えば，債権者・主債務者間の貸金契約と保証契約が一体の書面で締結されている場合は，主債務が事業目的であるか否かを確認する条項を設けておく等の対応が考えられる。

また，融資申込書や貸金契約書に資金の使途目的を明記させ，その写しを保証人に提出させる，あるいは保証契約にあたって主債務の資金の使途目的を確認する覚書を債権者・主債務者と交わす等の対応も考えられる。

なお，保証意思の確認手続には新民法465条の9が定める例外があり，保証意思の確認手続は，事業用融資の第三者保証の場合に限って適用されることは前述した。

(2) 個人根保証契約に関する留意点

新民法では，主債務の極度額の定めを個人根保証契約の効力発生要件とした（新民法465条の2第2項）が，極度額は，保証契約成立の時点で確定していなければならない[8]。

7　筒井健夫・村松秀樹『一問一答　民法（債権関係）改正』（商事法務，2018年）147頁
8　筒井健夫・村松秀樹『一問一答　民法（債権関係）改正』（商事法務，2018年）135頁

　例えば，典型的な事例である賃料債務の根保証の場合等で，「賃料の〇か月分」等というような定め方をすることで極度額の確認が認められるかは問題である。賃料は増減額の可能性が内包されているものであることを考えれば（新民法611条1項，借地借家法11条，同32条等参照），上記のような定め方では極度額が確定していないとされてしまうこともあり得る。

　したがって，紛争予防の観点からは，極度額の定めは数値により額を具体的に明示して記載するのが適切であると考えられる。

(3)　事業用融資の保証における情報提供義務に関する留意点

　新民法では，個人に保証委託をする場合，主債務が事業のために負担する債務である場合または主債務に事業のために負担する債務が含まれる場合のいずれかに該当するときは，保証を委託する者（主債務者）は，その信用にかかる情報を提供する義務があるものとされた（新民法465条の10）。この情報提供義務に対する違反は，当該保証契約の取消事由になり得る。

　このルールは，主債務が貸金等債務に限らず，事業のために負担する債務一般である場合に適用される。したがって，事業資金を金銭消費貸借契約によって調達する場合に限らず，例えば，事業用建物の賃貸借契約の賃料債務や，継続的取引（売買）契約の代金債務等，事業上の債務は広く「事業のために負担した債務」に該当し得る。

　主債務者の立場からみた実務的な対応としては，民法465条の10第1項1号ないし3号の情報を書面で通知した上，主債務の発生原因になる契約書上で，債権者，主債務者，連帯保証人間で上記情報を通知したことを確認する条項と，主債務者がその情報が真実でありかつ正確であることを表明保証する条項を設けることが考えられる。

5　保証債務成立後消滅までの債権管理上の留意点

(1)　時効の管理

　新民法では，保証人に対する履行の請求は原則的に相対的効力を有するにとどまることとなった（新民法441条本文，458条）。

　このことにより，債権者が保証人に履行の請求をしても，主債務者の消滅時効の完成が猶予または更新されることはなくなったため，債権者にとって時効の管理はより慎重さが求められることになろう。具体的には，債務の履行状況や，主債務者の所在等を適切に把握しておくことが求められる。

　もっとも，新民法441条本文は任意規定であるから，別段の意思の表示として，債権者と主債務者との間で，保証人に対して生じた事由の効力を主債務者にも及ぼすことを合意することは可能である（新民法441条，458条）。

　したがって，債権者の立場からは，主債務の発生原因となる契約に，保証人に対する履行の請求が主債務についての時効の完成猶予または更新の事由になることを約定しておくことが考えられる。

　なお，消滅時効に関する改正のポイントと実務対応については**第7章**も参照されたい。

(2)　期限の利益喪失に関する留意点

　また，新民法下では，債権者の保証人に対する情報提供義務として，委託を受けた保証人に対する主債務の履行状況の情報提供義務（新民法458条の2）を，個人の保証人に対する主債務者の期限の利益喪失の通知義務（新民法458条の3）を債権者は負うことになった。

　とりわけ，期限の利益喪失の通知は，債務者の期限の利益喪失を債権者が知った時から2週間という具体的な期間が定められた上，この通知を怠った場合には，保証債務の履行として保証人に請求できる範囲が制限されるという形で，具体的な制裁も設けられている（新民法458条の3）。

　したがって，債権者は，主債務者の期限の利益の喪失を含む履行状況をとし

て法が定める事項（新民法458条の2，458条の3）を常に把握し，把握した情報を法の定める期限内に提供できる体制を整えておく必要があると考えられる。債務者が多数にわたる場合や，複数の担当者が分業的に債権管理を行っている場合は，情報の収集から整理，提供までのマニュアルを構築し，状況によっては債権管理のシステムを見直す必要もあり得ると考えられる。

第13章

工事請負契約

　請負契約は，請負人が注文者から仕事の完成を引き受け，仕事の完成に対する報酬を注文者から受領する契約類型である。請負人が注文者に対し役務・労務を提供する対価として報酬を受領する点で，雇用契約，委任契約に類似する。しかし，大きな相違点として，仕事の完成のためにいかなる役務・労務等を行うかという点について請負人に裁量がある点で雇用契約とは異なるし，仕事の完成を要素とする点で委任契約とは異なる。

　今回取り上げる工事請負契約は，例えば注文者が建物の建築工事を請負人に依頼するという契約類型であるが，仕事が完成した結果としての成果物が明確である点に，清掃委託や廃棄物処理委託等の成果物のない請負とは異なる。

実務上のポイント

- ・請負契約の報酬について，旧民法では明文がなかったが，新民法では，請負人は注文者に対し，注文者が受ける利益の割合に応じた報酬を請求することができることが明文化された（新民法634条）。
- ・請負人の担保責任について，旧民法では，仕事の目的物に瑕疵があるとき，注文者は請負人に対し，瑕疵の修補を請求できるとの旨の規定が置かれ，瑕疵の修補が請求できる点で，売買契約における売主の瑕疵担保責任とは異なる責任であるとの理解がされていた（旧民法634条）。新民法は，請負人の担保責任を，売買契約における売主の契約不適合責任と同様に，債務不履行責任と同質なものとして，売主の契約不適合責任の規定を包括的に準用するものとしている（新民法559条，562〜572条）
- ・請負契約の解除について，旧民法においては，建物その他の土地の工作物については，注文者の解除権行使が制限される旨の規定があった（旧民法635条）が，新民法では削除された。
- ・注文者が請負人に供した材料の性質や，請負人に対して与えた指示によって仕事の目的物に瑕疵が生じた場合，請負人は注文者に対し担保責任を負わないことになる旨の規定について，上記2の担保責任の性質の変更に伴い，文言が変更された（旧民法636条，新民法636条）。
- ・請負人の担保責任の存続期間について，旧民法は，仕事の目的物を引き渡した時から，あるいは仕事が終了した時から，1年以内とされていた（旧民法637条）。新民法では，売買における売主の担保責任の期間制限を定めた新民法566条の規定と同様に，注文者が不適合を知った時から1年以内とされた（新民法637条）。
  また，旧民法は，建物その他の土地の工作物については，より長期の請負人の担保責任の存続期間を定めていたが，新民法では削除された。
- ・請負人の担保責任の存続期間の伸長について，旧民法は特約によって請負人の担保責任の存続期間を伸長することを認めていた（旧民法639条）が，新民法では売主の担保責任に関して存続期間の伸長を認める規定がないため，請負契約についてもあわせてかかる規定が削除された。
- ・注文者の破産手続の開始による解除について，新民法では請負人が仕事を完成した後は解除ができなくなる旨の規定が設けられた（新民法642条但書）。

1　注文者が受ける利益の割合に応じた報酬請求
（新民法634条）

(1)　改正のポイント

　請負契約は仕事の完成に対して報酬を支払うことがその本質であることから，従前仕事が完成していない場合には報酬を請求できないのが原則とされていた。しかし，仕事の進捗状況や仕事が完成に至らなかった事情いかんによっては，請負人から注文者に対し，報酬の一部または全部の請求を認めるべきと考えられる場合もある。旧民法の下における判例も，請負人の債務不履行を理由に契約を解除する場合において，既に行われた仕事の成果が可分であり，かつ，注文者が既履行部分の給付を受けることについて利益を有するときには，特段の事情のない限り，既履行部分について請負契約を解除することはできない旨を判示したものがあった[1]。新設された新民法634条は，この判例の趣旨を明文化したものである。

　新民法634条は，仕事が完成できなかったときでも請負人が注文者に対し報酬の請求をできる要件として，既にした仕事の結果のうち可分な部分の給付によって注文者が利益を受けること，注文者の責めに帰することができない事由によって仕事を完成することができなくなったこと（新民法634条1号），および請負が仕事の完成前に解除されたこと（同条2号）を規定している。「注文者の責めに帰することができない事由」には，請負人と注文者の双方の責めに帰することができない事由と，請負人の責めに帰するべき事由とを含む。

(2)　実務上の留意点

　当該条文は，従前の判例法理を明文化したものであるから，当事者間で紛争が生じてしまった場合の結論には影響が出ないかもしれない。しかし，紛争を予防するという観点からすれば，条文の文言上は，請負人の側からすれば，

1　最判昭和56年2月17日判時996号61頁

「注文者が受ける利益の割合に応じて報酬を請求することができる」と定められているのみであるから，請求することができる金額については，具体的な事案における解釈に委ねられることになってしまう。

　そのため，中途終了の場合の出来高部分の報酬額については，契約条項中にあらかじめ金額を明示したり，出来高の査定方法について契約条項中で定めておくなどして，請負人からの報酬額の算定をしやすくしておくことが紛争の予防につながると思われる。

　他方，注文者の側からすれば，従前は仕事の全部が完成してからの支払いが原則であったものが，仕事が中途で終了した場合の請負人からの報酬請求権が明文化されたというのは大きな変更点である。

　以下では，いくつかの場合に分けて具体的な条項例を示す。

①　請負代金の支払時期を細分化する場合

第○条（請負代金の支払い）
　　甲（注文者）は乙（請負人）に対し，請負代金○○○万円を，次のとおり支払う。
　　(1)　工事の着手時　　　○○万円
　　(2)　基礎工事完成時　　○○万円
　　(3)　上棟時　　　　　　○○万円
　　(4)　完成後引渡時　　　○○万円
第○条（工事中途終了の場合の請負代金の支払い）
　　甲の責めに帰することができない事由によって本件工事が中途終了した場合又は甲が本契約を解除した場合には，乙は既に受領した代金を甲に返還せず，甲は未払いの代金を乙に支払わないものとする。この場合，乙は甲に対し，本件工事の出来高を引き渡さなければならない。

　改正前からかかる条項を定めた請負契約を締結することは通常行われていたと考えられる。今回の改正を踏まえ，かかる条項に，中途終了の場合の注文者が既受領となった代金の返還の有無，未払い代金の支払義務の有無，一部完成部分の処理（引き渡すのか，撤去するのか，その場合の費用は注文者，請負人

のいずれが負担するのか）という点についての条項を加えることで，中途終了の場合の精算を規定することが考えられる。

②　出来高の算定方法を別紙で定めておく場合

第〇条（工事中途終了の場合の請負代金支払）

1　甲の責めに帰することができない事由によって本件工事が中途終了した場合又は甲が本契約を解除した場合の請負代金の支払いは，次のとおりとする。

(1)　乙は，既に受領した代金があるときは，これを甲に返還する。

(2)　乙は，甲に対し，本件工事の出来高を引き渡し，甲は，乙に対し，別紙で定めた方法により算定される当該出来高に応じた請負代金を支払う。

2　乙の責めに帰すべき事由によって本件工事が中途終了した場合は，乙は，甲に対し，出来高に応じた請負代金及び費用を請求することができない。

今回の改正を踏まえ，出来高の算定方法を契約上に明示しておくという趣旨の条項例である。基準としては明確となり得るメリットがあると思われるが，反面契約の内容が複雑になってしまう，出来高についての専門的な知識が必要となる可能性があるというデメリットも考えられる。

③　条文の文言に即した条項とする場合

第〇条（工事中途終了の場合の請負代金支払）

　甲の責めに帰することができない事由によって本件工事が中途終了した場合又は甲が本契約を解除した場合，乙が既に行った工事のうち可分な部分の給付によって甲が利益を受けるときは，その部分を工事の完成とみなし，乙は甲が受ける利益の割合に応じて報酬を請求することができる。

今回の改正に即した文言を用いることで，条項の内容はわかりやすいものとなるが，「可分な部分の給付によって利益を受けるとき」という点や，「甲が利益を受ける割合」という点の解釈を両当事者間で行わなければならず，基準としては不明確であるというデメリットが考えられる。

2 請負人の担保責任 （新民法559条，562～572条）

(1) 改正のポイント

　新民法は，請負人の担保責任を，売買における売主の契約不適合責任と同様に，通常の債務不履行と同質なものとし，売主の契約不適合責任の規定を包括的に準用する規定に変更した。

　そのため，新民法の下では，請負人の担保責任の追及方法として注文者に認められる請求権は，①履行追完請求権（修補請求権を含む。新民法562条），②代金減額請求権（新民法563条），③損害賠償請求権（新民法564条が，①および②について，415条に基づく損害賠償請求を妨げない旨規定している），④解除権（新民法564条が，①および②について，541条および542条に基づく解除を妨げない旨規定している）が存する。この点は改正前には履行追完請求権等が認められないと解されていた売買契約と異なり，請負契約においては旧民法において認められていたものが多いが，請負人の責めに帰すべき事由がなくとも，注文者に報酬減額請求権が認められるようになったのは新民法による変更点の1つである。

　また，売買契約における新民法による変更点と同様，「瑕疵」という概念に代わって，「種類及び品質に関して」「契約の内容に適合しない仕事の目的物」という概念を用いて，担保責任等が規定されている点も大きな変更点の1つである。

(2) 実務上の留意点

　請負契約における条項について，「請負人の瑕疵担保責任」などのような条項が設けられていたのが通常であると考えられるが，「瑕疵」との文言が用いられていたのであれば，文言を「瑕疵」から「契約不適合」などに改める必要があると思われる。

　その上で，注文者の側からすれば，担保責任を追及できるか否かは，「契約の内容」に適合しているのか否かによることになる。そして，いわゆる目的条項等が「契約の内容」がいかなるものなのかを解釈する基準となってくるため，

従前の契約条項よりも目的条項の記載内容を重視する必要があると思われる。そのため，場合によっては，契約の前文や目的条項を掲げ，契約の動機，経緯，背景等を明示しておく必要があろう。また，「契約の内容」は請負契約においては，仕様書や要領書などから読み取られることも多々あるため，当該各書面の内容も請負人ときっちり確認しておくことが重要となる。

他方，請負人の側からすれば，従来客観的に把握できたであろう「瑕疵」という概念ではなく，注文者と合意した「契約の内容」によって担保責任を追及されるか否かの基準となるため，請負人は注文者の指揮命令には服さないこともあり，注文者との間でこの線引きをしておくこと，「契約の内容」から除外される事項を定めておくなどの対応を要することが考えられる。

以下に条項例を示す。

①　目的条項

第○条（目的）
　　甲は乙に対し，完成後の建物を○○○として使用することを目的として，別紙仕様書記載の建物の建築工事を発注し，乙はこれを完成することを受注した。

契約の目的を規定した条項例であるが，建物建築工事請負契約においては，契約の目的は注文者および請負人との間で比較的明確に決定されていると思われる。「契約の内容」を具体的に画するのは仕様書等になると思われるので，仕様書の記載は注文者および請負人の双方にとって重要である。

②　追完請求権

第○条（追完請求権）
1　乙から甲に引き渡された本件建物が，別紙仕様書の記載と異なるなど，本契約の内容に適合しないもの（以下，「契約不適合」という。）であるときは，甲は，乙に対し，目的物の修補その他の履行の追完を請求することができる。ただし，甲に不相当な負担を課するものでないときは，乙は，甲が請求した

方法と異なる方法による履行の追完をすることができる。

2　前項の契約不適合が甲の供した材料の性質又は甲の与えた指図によって生じた場合は，甲は，乙に対し，前項の追完請求をすることができない。ただし，乙がその材料又は指図が不適当であることを知りながら告げなかったときは，この限りでない。

契約不適合の場合の追完請求権の条項例であるが，条文の文言に即した条項例を挙げている。条項例中2項は，636条但書の条文の文言に即したものである。

③　解　除

第○条（注文者の解除権）

1　甲は，乙が本件建物を完成するまでは，いつでも本契約を解除することができる。この場合，甲は，乙に生じた損害を賠償しなければならない。

2　次の各事由に該当した場合は，甲が乙に対し相当期間を定めて催告し，その期間内に乙が債務の履行をしない場合は，本契約を解除することができる。ただし，その期間を経過した時における債務の不履行が軽微であるときは，この限りでない。

⑴　乙から甲に引き渡された本件建物が，種類又は品質に関する契約内容不適合であった場合

⑵　…

3　次の各事由に該当した場合は，前項の規定にかかわらず，甲は，乙に対し，催告をすることなく，直ちに本契約の解除をすることができる。

⑴　乙が工事の履行を拒絶する意思を明確に表示した場合

⑵　工事の完成が不可能になったとき

⑶　…

4　乙の債務の不履行が甲の責めに帰すべき事由によるものであるときは，甲は前3項の規定による本契約の解除をすることができない。

注文者の解除権行使についての条項例である。1項は，注文者が仕事の完成

まではいつでも請負契約を解除できるという原則を条項化したものである。2項については，請負人か契約不適合責任を負う場合の，催告による解除を条項化したものである。但書は，541条但書を条項化したものである。(1)の他の場合について（例えば，上記条項例の2項(2)……の部分に），適宜注文者と請負人との間で定めた内容を条項化することも可能である。3項については，催告を要せずに解除ができるとしたもので，542条を条項化したものである。542条1項は，条項例に挙げた場合以外に，契約の一部の履行が不能である場合または債務者がその債務の一部を拒絶する意思を明確に表示した場合において，残存する部分のみでは契約をした目的を達することができないとき（3号）等にも無催告解除ができると規定している。また，同条2項では契約の一部を無催告解除することも認められている。4項については，543条を条項化したものである。

④ 代金減額請求権

第○条（請負代金減額請求権）
1　乙から甲に引き渡された本件建物が，種類又は品質に関し，契約の内容に不適合であった場合において，甲が相当の期間を定めて履行の追完の催告をし，その期間内に履行の追完がなされないときには，甲は乙に対し，不適合の程度に応じて請負代金の減額を請求することができる。
2　次に掲げる場合には，前項の規定にかかわらず，甲は乙に対し，履行の追完の催告をすることなく，請負代金の減額を請求することができる。
　(1)　履行の追完が不可能である場合
　(2)　乙が履行の追完を拒絶する意思を明示した場合
　(3)　…

契約不適合の場合の代金減額請求権についての条項例である。1項は，563条1項を条項化したものであり，履行の追完の催告等を代金減額請求権行使の要件とする場合である。2項は563条2項を条項化したものである。

上記②～④はいずれも結局は，いかなる場合が契約不適合の場合に該当するかが問題となるが，この点を少しでも契約条項上で明確化すべく，①の目的条

項等の内容を充実させることが紛争の予防には重要であると思われる。

3 注文者の解除権行使制限の撤廃

(1) 改正のポイント

旧民法では，建物その他の土地の工作物については，解除を認めると請負人の負担が大きくなること，土地工作物の撤去は社会経済的な損失であることから注文者からは契約の解除ができないとされていた（旧民法635条）。しかし，契約の目的を達成することができない程度の重大な瑕疵のある建物その他の土地工作物は利用可能性が低いため，存置させる方がむしろ社会経済的な損失が生じるおそれがある。そのため，かかる規定は合理性がないものとして，新民法においては削除された。

(2) 実務上の留意点

当該改正により，逆に従前規定されていた解除権を制限する条項を契約で締結することも考えられる。この点についてはもちろんまだ判例等はないが，削除された趣旨から考えると，当事者間の合意によっても解除権を制限する条項は効果を認められない可能性もある。

4 目的物の種類または品質に関する担保責任の期間の制限（新民法637条）

(1) 改正のポイント

旧民法では，請負人の担保責任の存続期間は，「仕事の目的物を引き渡した時から」あるいは「仕事が完了した時から」1年以内にしなければならないとされていた。新民法はこの起算点および請負人に対して注文者がしなければならない行為を変更し，「不適合を知った時から」1年以内に「その旨（すなわ

ち契約不適合の事実）を請負人に通知」しなければならないとした。

　また，旧民法では工作物または地盤の瑕疵について引渡し後5年間（旧民法638条1項本文），石造，土造，れんが造，コンクリート造，金属造その他これらに類する構造の工作物については，10年間（旧民法638条1項但書）請負人の担保責任が存続するとされていた。新民法では請負人の担保責任の存続期間の起算点が，上記のとおり注文者が契約不適合を知った時から，とされたので，建物その他の土地工作物について別個の存続期間を規定する必要に乏しいとされ，削除された。

(2)　実務上の留意点

　まず，旧民法では，建物その他の土地の工作物についての請負人の担保責任が，非堅固建物等については5年，堅固建物（石造，土造，れんが造，コンクリート造，金属造その他これらに類する構造）等については10年とされていたことは，実務上の知識としてある程度浸透していたものと思われ，この点が変更されること自体に注意を要する。

　その上で，請負人の担保責任の存続期間の起算点は，旧民法では請負人においてコントロールできていた時点であるのに対して，改正後は，注文者が契約不適合を知った時が起算点となり，注文者の認識が基準となるという点で，大きな変更である。

　請負人の側からすれば，注文者から担保責任を追及される可能性のある期間が民法改正前より長期となる可能性があり，しかもその期間の始期をコントロールできないリスクもある。そのため，契約においてはこの期間を短縮することを検討したり，注文者に一定期間内の検収義務を設けることで，この期間を特定の期間内に制限するなどの対応を検討する必要があろう。

　逆に注文者の側からすれば，仕事完成の目的物によっては，1年以内という期間が従前より短くなる請負契約も存するであろうから，場合によってはこの期間を伸長することを検討する必要も考えられる。

① 条文の文言に即した条項とする場合の条項例

> 第○条（契約不適合責任の行使期間）
>
> 　甲が本件建物につき，種類又は品質に関する契約不適合を知った時から1年以内にその不適合を乙に通知しないときは，甲は，その不適合を理由として，第○条の追完請求権，第○条の解除権，第○条の損害賠償請求権及び第○条の請負代金減額請求権を行使することができない。ただし，乙が本件建物引渡し時において契約不適合を知り，又は重大な過失によって知らなかったときは，この限りでない。

　566条の本文および但書の文言に即して条項化したものである。「注文者が」契約不適合を「知ったとき」から1年以内に，「その不適合を通知」しなければ，請負人に対して契約不適合責任を追及することはできなくなるのであるが，「知った時」という起算点が請負人にとって不明確であるのは既に述べたとおりである。

② 検収期間等を定める場合

> 第○条（検収・検査）
>
> 　甲は本件建物の引渡しを受けてから6か月以内に，本件建物について種類又は品質に関する契約不適合の有無を検査し，その結果を乙に伝えなければならない。
>
> 第○条（契約内容不適合責任の行使期間）
>
> 　甲は，前条の規定により契約不適合がある旨を乙に伝えてから1年以内に，その不適合を理由とする，第○条の追完請求権，第○条の解除権，第○条の損害賠償請求権及び第○条の請負代金減額請求権を行使しなければならない。ただし，乙が本件建物引渡し時において契約不適合を知り，又は重大な過失によって知らなかったときは，この限りでない。

　注文者の検収義務を定めることで，請負人にとって契約不適合責任の追及を注文者から受ける可能性がある期間を明確化することを考えた条項例である。

この条項例の場合1年6か月以上が経過すれば，それ以降請負人が契約不適合責任の追及を注文者から受けることはまずないと思われる。この場合に，引渡しから1年6か月という期間を権利行使制限期間として合意してよいかについては，まだ裁判例等がないため不明である。

　なお，住宅の品質確保の促進等に関する法律が適用される建物建築請負工事については，当該法律では，「瑕疵」の文言も従前どおり用いられており，担保責任の存続期間についても従来から変更はない。

第14章

システム開発契約

　ビジネスの様々な場面においてITの利活用が普及し，システム開発契約は，システム開発会社（ベンダ）のみならず，システムを業務に利用する発注者（ユーザー）側の企業にとってもその重要性を増している。

　システム開発契約とは，一般にコンピュータシステムやソフトウェアの開発を委託する契約をいう。システム開発契約は，一般に，いくつかの段階を経て契約締結に至る。システム開発契約締結以前に実施されるユーザーからベンダに対する提案依頼に始まり，完成したシステム検収後のシステム利用にかかる指導や保守契約を含めると種々の契約関係が認められる。ここでは主に，要件定義（ベンダが実施する要件定義書作成支援業務）フェーズ，外部設計・詳細設計・システム開発フェーズを中心として，これらに関わる契約実務上重要と思われる民法（債権法）改正のポイントについて解説する。

　システム開発契約の法的性質は個々の契約でベンダがユーザーに対していかなる義務を負っているかによって定まると考えられている。一般に，請負契約，準委任契約またはこれらの複合的な契約としての性質を有することが多い[1]。ベンダがユーザーの定める要求仕様に従ってシステムを完成し納品する義務（「仕事の完成」義務）を負う契約は一般に請負契約としての性質を有し，ベンダの技術者がユーザーの作業指示に従って開発業務を遂行する契約は一般に準委任契約としての性質を有すると考えられる。

　これら請負契約および準委任契約については，民法（債権法）改正により実

---

[1]　請負契約と認定された例として東京地決平成24年3月29日金融法務事情1952号111頁があり，準委任契約と認定された例として東京地判平成22年9月21日判例タイムズ1349号136頁がある。

務上重要な修正がなされているが，新民法の定めが任意法規であることは改正前と変わらない。そのため，当事者間で締結するシステム開発契約において民法の規定と異なる内容を定めれば契約内容が優先される。逆に，個々の契約に定めのない事項について，当事者間で訴訟等の法的紛争が生じた場合には民法が適用される。したがって，新民法によって従来の民法のルールがどう変わるのか，また変わらない点はどこかをしっかりと整理し，ユーザー・ベンダ双方の立場から契約条件等を調整してその結果を契約に明記することが重要である。

実務上のポイント

- システム開発契約は，その工程ごとに，請負契約，準委任契約等が複合した契約である。
- 請負契約としてのシステム開発契約では，瑕疵担保責任に関する改正が重要である。すなわち，瑕疵担保責任は契約不適合責任として整理され，成果物が契約内容に適合しているか否かによってその責任の成否が決せられる。また，その効果が瑕疵修補責任，損害賠償責任および契約解除であった旧民法に対し，代金減額請求が新たに認められた。
- 仕事完成に至らなくてもその出来高に応じた報酬請求が認められている。
- 準委任契約においては，報酬支払いの条件として「成果の引渡し」を要するといういわゆる成果報酬型（成果完成型）準委任契約が新設された。

1　瑕疵担保責任の成立要件に関する改正のポイント

(1)　瑕疵担保責任における「瑕疵」の意味

　旧民法における請負契約の瑕疵担保責任は「仕事の目的物に瑕疵があるとき」に成立する（旧民法634条）。民法改正に伴う実務対応上の変更点を検討する前提として，まず旧民法において「瑕疵」とはどのように捉えられていたかを確認する。

　旧民法上，「瑕疵」の意味を一般的に定義する規定はなく，明確にその定義を明示する判例も存在しない。実務上，システム開発契約における瑕疵については，一般に次のように理解されている。

> 要求仕様との不一致，論理的誤りまたは通常有すべき機能，品質，性能を有していない状態

　ある機能が，要求仕様として明示されていない場合であっても，通常であれば当該システムが備えるべき機能であると判断されるときは，瑕疵に該当する可能性がある。つまり，旧民法における瑕疵担保責任は，契約当事者が契約で約定した当該システムの要求仕様のみを基準として判断されるのではなく，「当該システムであれば通常備えるべき機能」という客観的基準も加味して判断されていた。

(2)　新民法における「契約不適合」

　新民法では，「引き渡された目的物が種類，品質又は数量に関して契約の内容に適合しない」場合に，追完請求権（新民法562条），代金減額請求権（新民法563条）等が認められる。このことから，民法改正前に「瑕疵担保責任」と呼ばれていた請負人の責任が「契約不適合責任」と呼ばれることがある。もっとも，請負契約においては，「種類又は品質に関して契約の内容に適合しない仕事の目的物を注文者に引き渡したとき」に関する規定として，新民法636条

（請負人の担保責任の制限）および637条（目的物の種類又は品質に関する担保責任の期間の制限）があり，その見出しには「担保責任」という用語が使われている。瑕疵担保責任を契約不適合責任と呼ぶか担保責任と呼ぶかについては，今後の裁判例や実務の慣行等を見守ることとし，ここでは瑕疵担保責任との混乱を避ける意味で「契約不適合責任」と呼ぶこととする。

いずれにせよ，新民法の契約不適合責任においては，システムの「種類，品質又は数量」について「契約の内容に適合」しているか否かを基準として責任の成否が決せられる。

実務的には，システム開発契約において一般に定められる「要件定義書」や「仕様書」等によって，ベンダが開発すべきシステムの「種類，品質又は数量」が決まる。これらの書面によって要求仕様を明確に定めておくべきことについては，民法改正によって実務が大きく変化することはなく，従来から使用している契約条項のひな型をそのまま使用してもよいものと考えられる。

2　瑕疵担保責任の効果

旧民法では，瑕疵担保責任の効果として，瑕疵修補請求，損害賠償請求および契約の解除が認められていた。新民法における契約不適合責任の効果としては，修補に代わるものとして，契約内容に適合しない目的物の履行の追完請求が認められている（新民法562条）。具体的には「目的物の修補，代替物の引渡し又は不足分の引渡しによる履行の追完」である。また，新たに契約内容に適合しない程度に応じた代金の減額請求が定められている（新民法563条）。

瑕疵担保責任の効果として損害賠償請求および契約解除が認められる点は新民法でも同様であるが，それぞれの要件が変更されている（右頁表）。

(1)　瑕疵修補責任と履行の追完責任

旧民法では，「相当の期間を定めて，その瑕疵の修補を請求することができる」とされ，ベンダがシステムに存する不具合を修正する義務を負う（旧民法634条1項）。この点，新民法では「目的物の修補，代替物の引渡し又は不足分

効　果		旧民法	新民法
履行の追完	修補	○（634条1項）	○（562条）
	代替物の引渡し	×	○（562条）
	不足分の引渡し	×	○（562条）
代金の減額		×	○（563条） 「催告をしても履行の追完がない」ことを要する
損害賠償		○（634条2項）	○（415条） 「債務者の責めに帰するべき事由」に基づく契約内容不適合であることを要する
契約解除		○（635条） 「契約の目的を達成できない」ことを要する	○ 催告解除（541条） 無催告解除（542条）

の引渡しによる履行の追完を請求することができる」と規定されている（新民法562条等）。

　システム開発契約においては，納品した成果物に契約内容不適合という不具合がある場合には，それを修補することが通常であり，代替物を引き渡すことでユーザーの目的を達することができる場合は想定しにくい。したがって，基本的には，旧民法を前提とする契約書の文言を大きく変更する必要はないものと考えられる。

(2)　損害賠償責任

　損害賠償については，「瑕疵の修補に代えて，又はその修補とともに，損害賠償の請求をすることができる」とされ，ベンダの帰責事由がなくても損害賠償が認められていた（旧民法634条2項）。

　新民法では，契約不適合責任に基づく損害賠償は，債務不履行として処理され，「その債務の不履行が契約その他の債務の発生原因及び取引上の社会通念に照らして債務者の責めに帰することができない事由によるものであるとき」

は免責されるとし，ベンダの帰責事由が必要とされることとなった（新民法415条1項）。

　実務上，損害賠償責任の有無やその範囲について，法的トラブルが生じることが非常に多い。そのため，従来から，ベンダの故意または過失がなければ損害賠償責任を負わないとする特約を契約に盛り込むことが実務上の慣行として行われてきた。損害賠償責任の有無やその範囲についてユーザーとベンダとの間で協議をし，その結果を契約書に盛り込んでおくべき重要性については民法改正によって変わるところはない。

【契約条項例】

> （損害賠償）
> 第○条
> 　　乙が甲に納入した成果物に瑕疵が存在し，その瑕疵に起因して甲に損害が生じた場合には，乙は，その通常損害について甲に賠償するものとする。ただし，乙の責に帰することができない事由から生じた損害についてはこの限りでない。また，その損害賠償の額については，個別契約に規定する委託料相当額を上限とする。
> 2．乙が，システム開発業務の全部または一部を第三者に委託させた場合において，当該委託先の故意または過失により甲に損害を被らせたときも前項と同様とする。

　例えば，旧民法下で，上記のような条項例を使用していた場合，新民法が施行の前後で特に大きくその内容を修正する必要はないものと考えられる。ただし，前述のように民法改正によって「瑕疵」が「種類，品質又は数量に関して契約に適合しないもの」に変更されていることから，契約条項もそれに合わせておくとよいものと考えられる。

【契約条項の修正例】

(損害賠償)

第○条

　　乙が甲に引き渡した目的物が種類，品質又は数量に関して契約の内容に適
　　合しないものであることに起因して甲に損害が生じた場合には，乙は，その
　　通常損害について甲に賠償するものとする。

(3)　代金減額請求

　代金減額請求について旧民法にこれを直接定めるものはなく，新民法によっ
て新たに設けられた。その成立要件は，契約不適合があったことに加え①「相
当の期間を定めて履行の催告をし，その期間内に履行の追完がないとき」，お
よび②契約不適合が「注文者の責めに帰すべき事由」によらないことである
(新民法563条1項・3項)。その効果は，「その不適合の程度に応じて代金の減
額を請求することができる」ことである。

【代金減額請求についてのまとめ】

要　　件	効　　果
①　引き渡された目的物が種類，品質ま たは数量に関して契約の内容に適合し ないこと（契約不適合） ②　相当の期間を定めて催告をしたのに その期間内に履行の追完がないこと ③　契約不適合が注文者の責めに帰すべ き事由によらないこと	契約内容への不適合の程度に応じた代金 の減額を請求することができる。

　また，追完の催告を要せずに代金の減額を請求することができる場合が定め
られている（新民法563条2項）。

【追完の催告を要せず代金減額請求ができる場合】

① 履行の追完が不能であるとき

② 注文者が履行の追完を拒絶する意思を明確に表示したとき

③ 契約の性質または当事者の意思表示により，特定の日時または一定の期間内に履行をしなければ契約をした目的を達することができない場合において，注文者が履行の追完をしないでその時期を経過したとき

④ ①～③のほか，請負人が催告をしても履行の追完を受ける見込みがないことが明らかであるとき

※新民法第563条における「売主」「買主」を適宜「発注者」「請負人」に読み替えて記載した。

　システム開発契約におけるユーザーは，ベンダから受領したシステムに不具合があるにもかかわらずベンダがその修補をしないために損害が生じている場合，当該ベンダに対してその損害を補填するための手段としては，本節(2)で述べた損害賠償請求が考えられる。ユーザーとしては，不具合の修補をしないベンダに対して代金減額請求をし，他のベンダにその不具合の修補を依頼してそのために要した費用を損害として当初のベンダに損害賠償請求をするという方法も考えられる。そこで，ユーザーとしては例えばこのような事態を想定して，民法563条の規定内容に沿った契約条項を盛り込んでおくことが考えられる。

【契約条項例～ユーザー】

第○条

　　甲は，乙から納品を受けた成果物が種類，品質又は数量に関して契約の内容に適合しないものである場合において，乙に対し相当の期間を定めて履行の追完の催告をしたにもかかわらず，乙がその期間内に履行の追完をしないときは，その不適合の程度に応じて代金の減額を請求することができる。

　他方でベンダとしては，契約内容不適合に対してその修補を誠実に履行することが不可欠であるが，仮にユーザーとの間で紛争が生じた場合であっても，

まずは報酬全額の支払いを受けた上でユーザーに生じた損害についてはその賠償等を協議により決することとする方法が考えられる。

【契約条項例〜ベンダ】

第○条
　　甲は，別途定める検査を完了するまでの間に成果物の種類，品質又は数量に関して契約の内容に適合しないことを知ったときは，10営業日以内にその旨を乙に通知するものとする。甲は，その通知を怠ったときは，これを理由として，乙に対し代金の減額を請求することができない。

(4) 契約の解除

　契約解除について，旧民法では請負契約における瑕疵担保責任の効果として直接規定されていた（旧民法635条）。瑕疵担保責任に基づく契約解除が認められるためには，単に仕事の目的物に瑕疵があるだけでは足りず，「仕事の目的物に瑕疵があり，そのために契約をした目的を達することができないとき」という要件が必要である。瑕疵のために契約をした目的を達することができないときとは，瑕疵が重大であり，その修補が不可能もしくは請負人がその修補を拒絶し，または修補が可能であってもその修補に長期間を要するために契約解除が正当と認められる場合をいうとされている。

　これに対して新民法では，請負契約における契約解除の規定が削除され，解除権一般についての規定である新民法541条（催告解除）および542条（無催告解除）の規律に従うこととなった。契約解除の一般的な改正点等については，契約解除に関する**第6章**で詳述している。

　システム開発契約の実務としては，一般に，旧民法においても個々の契約において解除条項を盛り込まれていると思われる。

【契約解除条項】

第○条

1. 甲または乙は，相手方が本契約の条項に違反し，相当の期間を定めて催告をしたにもかかわらずこれが是正されない場合，本契約の全部または一部を解除することができる。

2. 甲または乙は，次の各号のいずれかの事由に該当することとなった場合，相手方に対する何らの催告を要せずに，本契約を解除することができる。

   (1) 重大な背信行為があった場合

   (2) 支払いの停止があった場合

   (3) 差押えまたは仮差押えを受けた場合

   (4) 破産，民事再生，会社更生，特別清算の申立てがあった場合

   (5) 手形交換所における取引停止処分を受けた場合

   (6) 公租公課の滞納処分を受けた場合

   (7) その他前各号に準ずるような本契約を継続し難い重大な事由が発生した場合

3. 甲または乙は，第1項に基づく解除がなされた場合または前項各号のいずれかに該当するに至った場合，相手方に対して負う金銭債務について，当然に期限の利益を喪失するものとする。

新民法では，旧民法において債務の履行を怠った債務者に対する責任として位置付けられていた契約の解除について，債務者の帰責事由がなくとも債権者が契約を解除することを認めている（催告解除）。これは，債務の履行を得られない債権者を契約の拘束から解放する趣旨であると解されている。このことは，ユーザーにとっては，例えば納品されたシステムに不具合があるにもかかわらず，いつまでもその修補を完了しないベンダとの契約関係を解消し，他のベンダとの間で別途システム開発契約を締結し直すことを容易にするものである。他方，ベンダにとっては，自らに何ら落ち度がない場合であってもユーザー側の事情によって契約を解除されるリスクがある。

3 ｜ 権利主張の期間

　請負人の瑕疵担保責任を追及すべき期間について，旧民法では「仕事の目的物を引き渡した時から１年以内にしなければならない」とされていた。システム開発における目的物の引渡しは，一般にシステムを納品してユーザーによる検査を受け検収に合格した時点といえるが，旧民法下では，ユーザーは検収後１年の間，システムに存する瑕疵について瑕疵担保責任を負うとされていた。

　新民法では，ユーザーがその不適合を知った時から１年以内にその旨をベンダに通知しなければならないものとされた（新民法566条１項）。そのため，ベンダとしてはシステムの納品検収後１年を経過したときであっても，ユーザーがシステムに契約不適合を発見したときは１年以内にベンダに通知をすれば契約不適合責任を追及することができることとなる。ユーザーとしては，システムの不具合が検収後１年を経過した時点で発見されることもあり，その修補をベンダに請求することができる。反面ベンダとしては，不具合の無償補修のための社内リソースを長期間にわたって確保しておかなければならないこととなる。この改正はユーザーに有利な改正であるといえるが，ベンダとしては長期にわたる修補態勢を見越してシステム開発にかかる報酬を見積もることが予想されることからユーザーとの間でシステム開発の報酬をめぐる交渉が難航することも予想される。また，システム開発においては一般にシステム稼働後に有償保守契約を別途締結することがあるが，どの時点で契約不適合責任に基づく無償保守から有償の保守契約に切り替えるかについても，ユーザーとベンダとの間で交渉されることとなろう。

【責任追及の期間に関する契約条項例】

第○条
1．乙が甲に引き渡した成果物が本契約の内容に適合しないものである場合，甲の検収完了後一年以内にその旨を乙に通知したときは，乙はその修補をしなければならない。
2．甲が乙に対して前項に定める通知をしないときは，甲は，その不適合を理

由として，履行の追完の請求，報酬の減額の請求，損害賠償の請求および契約の解除をすることができない。

4　仕事未完成における報酬請求

　旧民法では，ベンダはシステム開発契約の内容としてシステムを完成し納品することすなわち「仕事の完成」義務を負い，仕事を完成しなければその報酬を請求することはできない（旧民法633条）。請負契約は，仕事の結果に対して報酬を支払うものであるから，仕事が完成しなければ報酬を請求することができないことは当然である。しかし，システム開発では，開発が途中で頓挫することもあり，その場合にベンダは一切報酬を請求できないこととすると開発にかけた投下資本を一切回収することができない。

　新民法では「注文者が受ける利益の割合に応じた報酬」に関する規定が新設された（新民法634条）。すなわち，①注文者の責めに帰することができない事由によって仕事を完成することができなくなった場合，または②請負が仕事の完成前に解除された場合において，請負人が既にした仕事の結果のうち可分な部分の給付によって注文者が利益を受けるときは，その部分が仕事の完成とみなされる。そして，その利益の割合に応じた報酬請求権が認められる。

　実際には，①請負人が既にした仕事の結果のうち可分な部分の給付といえるか，②当該可分な部分によって注文者が利益を受けるか否かについて，当事者間で争いとなることが想定される。①について，システム開発がいくつかの工程に分けて進められることが一般的であり，各工程の完了をもってそれまでの部分を可分と認められるように運用することなどが考えられる。②については，他のベンダが既履行部分を利用して開発を継続していくことができるかが1つの基準となると考えられる。これらを熟慮して契約条項を盛り込むことが必要である。

【出来高払いに関する条項例】

第○条
　本契約が乙の仕事の完成前に解除された場合，乙が遂行した仕事について，既に実施した工数またはこの契約で定められた成果物に対する既履行部分の割合等の合理的な基準を用いて算出し，甲は，乙に対してその結果算出された額を支払わなければならない。

　従来のシステム開発の実務でも，案件全体の基本契約を締結した上で，システム開発における要件定義書作成支援，外部設計，システム設計，プログラム開発等の各段階ごとに個別契約を締結することが行われており，システム開発が頓挫した場合であっても，既に履行済みの契約については報酬が支払われることがあった。仕事完成前の過分な給付について報酬請求が認められる新民法下においても，従来の慣行に従って各段階ごとに個別契約を締結することは有用であると考えられる。

5　準委任契約に関する改正ポイント

(1)　準委任契約の成立に関すること

　システム開発を請負ではなく準委任として行うことも実務上よくなされている。準委任契約に関する民法（債権法）改正について重要な変更点は，「成果の引渡し」を前提とする準委任契約が新設された点である。

　旧民法における準委任契約は，受任者が法律行為でない事務の委託をすることを内容とするものであり，システム開発においてはユーザーの作業指示等に従ってベンダが開発業務を行えば足り，たとえシステムが完成しなかったとしてもベンダの報酬請求に影響しなかった。しかし，新民法では「委任事務の履行により得られる成果に対して報酬を支払うことを約した場合において，その成果が引渡しを要するときは，報酬は，その成果の引渡しと同時に，支払わなければならない」とされ，報酬支払いの条件として「成果の引渡し」を前提とする準委任契約を選択することができることとなった。このような委任事務の

成果を報酬支払いの条件とする準委任契約は，「成果報酬型」や「成果完成型」と一般に呼ばれており，従来からある委任事務の処理を行えば報酬が得られる準委任契約は「履行割合型」と呼ばれている。

(2) 履行割合型に関する改正点

履行割合型の準委任契約は，旧民法における準委任と同様の規律がなされているが，重要な変更点として委任事務が履行の途中で終了した場合の扱いがある。

すなわち，旧民法においては，受任者が既に行った履行の割合に応じて報酬を請求することができるのは，「委任が受任者の責めに帰することができない事由によって履行の中途で終了したとき」とされていた（旧民法648条3項）。これに対し，新民法においては，受任者に帰責事由がある場合であっても履行割合に応じた報酬請求が可能とされている（新民法648条3項）。

旧民法648条3項	新民法648条3項
委任が受任者の責めに帰することができない事由によって履行の中途で終了したときは，受任者は，既にした履行の割合に応じて報酬を請求することができる。	受任者は，次に掲げる場合には，既にした履行の割合に応じて報酬を請求することができる。 1　委任者の責めに帰することができない事由によって委任事務の履行をすることができなくなったとき 2　委任が履行の中途で終了したとき

(3) 成果報酬型（成果完成型）の準委任の新設

成果報酬型（成果完成型）準委任は，「委任事務の履行により得られる成果に対して報酬を支払うことを約した場合において，その成果が引渡しを要するとき」に認められる。このような約定がなされたときは，報酬は成果の引渡しと同時に支払われることとなる（新民法648条の2）。

システム開発契約において，準委任契約は，要件定義書作成支援業務で締結

されることがあり，履行割合型の準委任においては要件定義書を完成させるの
は委任者であるユーザーであり，ベンダは，システムの専門家としてあくまで
その作成を支援することが委任事務の内容となる。この場合に，要件定義書が
完成に至らなかった場合であっても，ベンダは，善良な管理者の注意義務を果
たしてその支援をしていれば，約定された報酬の全額の支払いを受けることが
できる。これに対して，要件定義書作成支援業務を成果報酬型（成果完成型）
で締結した場合には，要件定義書の完成が「成果」と規定され，その完成がな
ければベンダは報酬の支払いを受けられない可能性がある。

　また，民法改正によって，成果報酬型（成果完成型）準委任のほかに，既に
述べた出来高部分に応じて報酬請求できる請負が認められており，ユーザーと
ベンダとの間で，締結する契約が準委任か請負であるか明確に区別しておかな
いと思わぬ紛争に発展するおそれが大きい。新民法が施行された後も，準委任
契約と請負契約の成立要件は，条文上変化がない。すなわち，ベンダが「仕事
の完成」義務を負っている契約が請負契約であり，「善良な管理者の注意義務
をもって委任事務を処理する」義務を負っていれば準委任契約である。まずは
当事者間において各工程をいずれの契約形態で遂行するのか明確に整理した上
で合意し，契約条項として明記しておくことが肝要である。

【履行割合型準委任の契約条項例】

第○条
　　乙は，準委任における受任者として，善良な管理者の注意をもって本契約
　に定める業務を遂行するものとし，乙の責任はこれに限られるものとする。

第15章

登記実務

　不動産登記は，不動産業界や金融業界においてなじみ深いものであるだけでなく，それ以外の一般企業のビジネスにおいても触れる機会は決して少なくない。

　そこで本章では，登記記録の読み取り時に留意すべき点など，登記実務に関係する民法の改正点を中心に解説する。

実務上のポイント

・新民法に連動して既に不動産登記法が改正された点（不動産登記法96条の買戻し，他）については，改正法のとおり登記事項が変更される。

・一方，新民法に沿って，不動産登記法等の改正すべき点や，登記実務上の各書式（登記原因証明情報等）の改訂文例については，まだ改正・改訂の議論が追い付いていない点も多数あるため，今後の法改正や法務局通達等を注意深くチェックする必要がある（新民法（債権法）と同時期に施行される新民法（相続法）については，連動する登記実務に関する議論も徐々に煮詰まってきており，債権法関連についても同様に議論が進むことが望まれる）。

　なお，本章に記載する契約条項例や書式文例は，今後一般的に登記実務上用いられると予想されるものを掲載している。

1 債務引受

　債務引受による登記が必要となるケースとしては，抵当権が設定された不動産の所有者兼債務者が死亡し相続が発生した場合がほとんどである。例えば，所有者兼債務者であった被相続人Aが死亡し，相続人B・C・Dの3名が法定相続人であるところ，遺産分割により当該不動産は相続人Bが相続するという例で説明する。

　登記記録の甲区の所有者の名義は，被相続人Aから相続人Bに直接移転させることが可能であるが（旧・新民法907条1項，909条，不動産登記法62条），乙区の抵当権の登記に記載された「債務者」は，被相続人Aから相続人Bに直接変更するのではなく，まず相続を原因として相続人B・C・Dの3名が当然に債務者となる[1]。しかし通常は，所有権を相続する相続人Bが，債務（その物件を購入した際の住宅ローンの残債など）もすべて引き受けるのが一般的であるため，「免責的債務引受」を登記原因として，債務者を相続人B・C・Dの連名から，相続人B単独に変更する登記をすることとなる[2]。

　新民法472条2項は，このような債務引受に関して，債権者と引受人Bとで契約した上で，C・Dへ通知することで効力を生じさせるとした。すなわち，相続人C・Dの意思に反する場合であっても免責的債務引受が認められることが明文化されたため，改正後は相続人の中に登記手続に非協力的な者がいる場合であっても，登記手続が進めやすくなる。債務引受に関する改正のポイントと実務対応については**第4章**を参照されたい。

1　遺産分割協議およびそれに対する債権者の承諾を条件として債務者の直接変更を認める登記先例（昭和33年5月10日民事甲第964号民事局長心得通達）も一応存在はするが，判例（最判昭和34年6月19日民集13巻6号757頁）のとおり相続債務は可分債務として法律上当然に分割されるという実務が定着している。

2　前掲注1通達

【免責的債務引受契約の条項例】

債権者株式会社○○○（以下甲という）と，引受人Bは以下のとおり免責的債務引受契約を締結する。

第一条（債務引受）

Bは，C及びDが甲に対して負っている下記の債務について，C及びDに代わって免責的に引き受ける。

本件債務　（省略）

第○条（通知義務）

甲は，本契約締結後遅滞なく，C及びDに対し，第一条の免責的債務引受契約をした旨を内容証明郵便（配達証明付）にて通知する。

【登記原因証明情報の文例】

1　登記申請情報の要項

　(1)　登記の目的　　抵当権変更

　(2)　登記の原因　　令和2年7月1日C及びDの免責的債務引受

　(3)　変更すべき登記　　平成21年9月1日受付第2002号

　(4)　変更後の事項　債務者　B

　(5)　当事者　　　　権利者　甲

　　　　　　　　　　　義務者　B

　不動産の表示（省略）

2　登記の原因となる事実又は法律行為

　(1)　抵当権の債務者Aは，令和2年5月1日死亡し，相続を原因として債務者をB，C及びDとする抵当権変更登記（令和2年6月1日受付第1502号）がなされた。

　(2)　令和2年7月1日，引受人Bは債権者甲との間で，C及びDの甲に対する本件抵当権の被担保債務を免責的に引き受ける旨を約した。

218

(3) 同日，債権者甲は債務者C及びDに対して上記(2)の契約をした旨を通知した。

(4) 債権者甲は上記(2)の約定の際に，引受人Bに対して本件抵当権をBが引き受けた債務に移す旨の意思表示をした。

(5) よって，同日，上記(2)の免責的債務引受契約の効力は生じ本件抵当権の債務者C及びDはBに変更された。

　　○○○法務局御中
上記の登記原因のとおり相違ありません。
　　令和2年7月1日

　　設定者　　　　　住所

　　　　　　　　　　氏名　　　　　　　　　　　　　　　　　　㊞

【登記記録の表示】

権利部　（甲区）（所有権に関する事項）			
順位番号	登記の目的	受付年月日・受付番号	権利者その他の事項
1	所有権移転	平成21年9月1日 第2001号	原因　平成21年9月1日売買 所有者　A
2	所有権移転	令和2年6月1日 第1501号	原因　令和2年5月1日相続 所有者　B

権利部　（乙区）（所有権以外の権利に関する事項）			
順位番号	登記の目的	受付年月日・受付番号	権利者その他の事項
1	抵当権設定	平成21年9月1日 第2002号	原因　平成21年9月1日金銭消費 　　貸借同日設定 債務者　A 抵当権者　甲
付記1号	1番抵当権変更	令和2年6月1日 第1502号	原因　令和2年5月1日相続 債務者　B 　　　　C 　　　　D

付記2号	1番抵当権変更	令和2年7月1日 第1701号	原因　令和2年7月1日C及びDの 　　免責的債務引受 債務者　B

2　弁済による代位

(1)　保証人と第三取得者との優劣

　旧民法501条1項1号は，「保証人は，あらかじめ先取特権，不動産質権又は抵当権の登記にその代位を付記しなければ，その先取特権，不動産質権又は抵当権の目的である不動産の第三取得者に対して債権者に代位することができない。」と規定していた。

　例えば，将来代位弁済をしたときに取得することとなる債務者への求償権を被担保債権として，保証人が抵当権を設定しているとする。実際に保証人が代位弁済をし，代位の付記登記をする前に当該不動産につき第三者への所有権移転登記がされてしまった場合，旧民法では保証人は代位の効力を当該第三取得者には対抗できないこととなっていた。しかし，登記の先後により優劣を決するという不動産登記の基本的理念・実務から考えると，先に抵当権の主登記をしていた保証人が，付記登記をしない限りは後から現れた第三者に劣後するとの規定は，この理念・実務にそぐわないとの意見が多いところであった。

　新民法では，旧民法501条1項1号は削除されたが，これは，上記不動産登記の理念・実務に合わせる形での改正である。今後は，保証人の代位の付記登記が第三取得者の登記に後れる場合であっても，保証人は第三取得者に対抗できることとなる。よって，代位弁済者としては，競売申立てなど求償債権の回収局面までに抵当権移転登記を完了しておけば足りる。

【登記記録の表示】

権利部 （甲区）（所有権に関する事項）			
順位番号	登記の目的	受付年月日・受付番号	権利者その他の事項
1	所有権移転	令和2年4月1日 第1001号	原因　令和2年4月1日売買 所有者　A
2	所有権移転	令和2年5月1日 第1103号	原因　令和2年5月1日売買 所有者　C

権利部 （乙区）（所有権以外の権利に関する事項）			
順位番号	登記の目的	受付年月日・受付番号	権利者その他の事項
1	抵当権設定	令和2年4月1日 第1002号	原因　令和2年4月1日金銭消費貸 　借同日設定 抵当権者　B
付記1号	抵当権移転	令和2年5月7日 第1104号	原因　令和2年4月10日代位弁済 抵当権者　D

※新民法下では，DがCに対抗できるようになった。

(2)　一部弁済による代位

　抵当権により担保された被担保債権の一部を代位弁済した者（以下「代位者」）は，その弁済額に応じて抵当権の一部を取得する。すなわち，もともとの債権者と代位者とで1つの抵当権を共有することとなる。この場合，代位者は単独で抵当権を実行できるとするのが判例[3]の立場であったが，債権者に不測の損害が生じるとの批判が多いところであった。

　新民法502条1項は，代位者は債権者の同意を得て，かつ債権者と共にでなければその権利を行使できないと規定した。すなわち，一部代位弁済者たる抵当権者およびその譲受人は，抵当権を有しているとしても，登記記録等を見てその取得原因まで遡って読み取らないと，単独で実行できる抵当権なのか否かの判断ができないこととなった。

3　大決昭和6年4月7日民集10巻535頁

権利部　（乙区）（所有権以外の権利に関する事項）			
順位番号	登記の目的	受付年月日・受付番号	権利者その他の事項
1	抵当権設定	令和2年4月1日 第1002号	原因　令和2年4月1日金銭消費貸 　借同日設定 債権額　金1000万円 債務者　C 抵当権者　B
付記1号	抵当権一部移転	令和2年5月7日 第1501号	原因　令和2年4月10日一部代位 　弁済 弁済額　金500万円
付記2号	抵当権D持分移転	令和2年6月8日 第1701号	抵当権者　D 原因　令和2年5月3日債権譲渡 抵当権者　E

※1番付記1号の登記原因が「一部代位弁済」であるため，抵当権持分譲受人Eは
　単独での抵当権の実行はできない。

　もっとも，金融機関が債権者である場合は，約款において，代位者の権利行使には債権者の同意を必要としている場合が多いようなので，金融機関の債権には実務上の影響は少ないと思われるが，金融機関以外の債権については十分に留意すべきである。

3 売主の対抗要件具備義務の明文化と，賃貸借契約への派生的影響

　従来の実務では，売買契約上買主への対抗要件具備義務を売主に課すことが一般的であったところ，新民法560条において，この義務が明文化された。この点については，従来の実務を明文化したにすぎないため，実務への影響はほぼない。

　問題は，不動産賃貸借契約における賃貸人にも，これと同等の登記義務が課されるのか否かである。なぜなら，旧・新民法559条により，売買に関する各規定が他の有償契約にも準用されるため，新民法560条が賃貸借契約にも準用されるのではないかとの疑義が生じるためである。

　この点，旧民法559条但書は，「その有償契約の性質がこれを許さないときは，この限りでない」と規定しているため，不動産賃貸借契約がその性質上新民法560条の準用を許すか否かにかかってくる。しかし，まだ議論が熟しておらず，今後の議論が待たれるところである。

　なお，賃貸人側としては，新民法560条の準用を回避するべく，下記のような条項を契約書案に追加しておき，登記義務がないことを明確にしておくのも一案であろう。

【不動産賃貸借契約書の条項案】

> 第○条　貸主は，借主に対し賃借権設定登記の義務を負わないものとする。

4 買戻し

　今般の民法（債権法）改正に連動して唯一不動産登記法が改正されるのが，買戻しの規定である。

　売買契約の際に買戻しの特約をした場合，後日売買代金を返還することによってのみ買戻しが認められていたところ，新民法579条により，合意により定めた金額を返還することでも買戻しが認められることとなる。そのため，買

戻しの登記の絶対的記載事項として，「買主が支払った代金」だけでなく，「合意により定めた金額」も選択的に認められることとなる。

改正不動産登記法

> 第96条　買戻しの特約の登記の登記事項は，第59条各号に掲げるもののほか，買主が支払った代金<u>（民法第579条の別段の合意をした場合にあっては，その合意により定めた金額）</u>及び契約の費用並びに買戻しの期間の定めがあるときはその定めとする。
>
> 　※下線部が改正による追加部分

　現状，買戻し特約は，一部業界の慣習として用いられるケースもあるようだが，数としては少ない。売買代金全額の返還という硬直的な方法でしか認められなかった買戻しが，合意により柔軟に返還金額を定められるようになったことにより，買戻し特約が使われるケースが今後増えてくる可能性がある。

【不動産売買契約書の条項例】

> 第○条（買戻し特約）
> 　売主は，買主に対し金100万円及び本契約に要した費用を支払うことにより，本契約を解除することができる。

【登記記録の表示】

権利部　（甲区）（所有権の権利に関する事項）			
順位番号	登記の目的	受付年月日・受付番号	権利者その他の事項
1	所有権移転	令和2年4月1日 第1001号	原因　令和2年4月1日売買 所有者　A
付記1号	買戻特約	令和2年4月1日 第1001号	原因　令和2年4月1日特約 合意により定めた金額　金100万円 契約費用　なし 期間　令和2年4月1から5年 買戻権者　B

5 書面でする消費貸借

(1) 書面による契約か否かを登記記録から読み取ることの可否

　不動産を担保として消費貸借契約を締結した場合，それが要物契約であって
も諾成契約であっても，抵当権設定登記における登記記録上の記載は従来と同
様にならざるを得ない。例えば，登記原因における消費貸借の日付（「○年○
月○日金銭消費貸借」という形で登記記録に記載される部分）に着目してみる
と，要物契約の場合，その日付は，金銭が交付された日となる。これに対し，
書面による諾成契約の場合，その日付は原則，契約日となる[4]。登記原因におけ
る消費貸借の日付は，抵当権の被担保債権の特定のために必須のものであるが，
その日付が金銭交付日なのか契約日なのかが，登記記録を見ただけではわから
ないこととなる。

　諾成的消費貸借については第11章も参照されたい。

　BがC所有の不動産を担保として，A銀行から合計2000万円の融資（1000万
円の融資を2件）を受ける場合（下記例）を用いて解説する。

4　福永修「特集　民法改正－改正のポイントと実務への影響　売買担保責任（損害賠償
　及び解除を含む）・金銭消費貸借」月報司法書士553号29頁

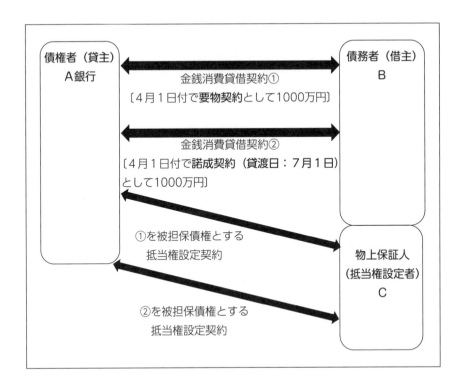

【金銭消費貸借契約書の条項例】

〈金銭消費貸借契約①（要物契約）〉
※契約日：令和2年4月1日

> 第1条　貸主は，借主に対し，本日，金1000万円を**貸し渡し，借主はこれを受領した。**

〈金銭消費貸借契約②（諾成契約）〉
※契約日：令和2年4月1日

> 第1条　貸主および借主は，貸し渡し日を令和2年7月1日として，貸主が借主に対し金1000万円を**貸し渡す旨を約した。**

【抵当権設定契約証書の条項例】

〈①を被担保債権とする契約・②を被担保債権とする契約双方に共通〉

※契約日：令和2年4月1日

A銀行殿

債務者　　　　B

抵当権設定者　C

　第1条　抵当権設定者は，債務者が貴行に対して負担する下記債務を担保するため，債務者が貴行に差し入れた銀行取引約定書の各規定を承認の上，後記不動産の上に抵当権を設定しました。

記	不動産の表示
原因　令和2年4月1日付金銭消費貸借契約	（略）
金額　金1000万円	順位番号　○

【登記原因証明情報の文例】

〈①を被担保債権とする抵当権設定登記〉 | 〈②を被担保債権とする抵当権設定登記〉

〈①を被担保債権とする抵当権設定登記〉	〈②を被担保債権とする抵当権設定登記〉
1　登記申請情報の要項 　（略） 2　登記の原因となる事実又は法律行為 ⑴　令和2年4月1日，AおよびBは，次のとおり金銭消費貸借契約を締結し，**同日，AはBに対し，かかる契約に基づく金銭を貸し渡した。** 　債権額　金1000万円 　債務者　B ⑵　令和2年4月1日，AおよびCは，上記⑴の債権を担保するため，C所有の本件不動産に抵当権を設定する旨の抵当権設定契約を締結した。	1　登記申請情報の要項 　（略） 2　登記の原因となる事実又は法律行為 ⑴　令和2年4月1日，AおよびBは，**書面により**，次のとおり金銭消費貸借契約を締結した。 　債権額　金1000万円 　債務者　B ⑵　令和2年4月1日，AおよびCは，上記⑴の債権を担保するため，C所有の本件不動産に抵当権を設定する旨の抵当権設定契約を締結した。

【登記記録の表示】

権利部 （乙区）（所有権以外の権利に関する事項）			
順位番号	登記の目的	受付年月日・受付番号	権利者その他の事項
1	抵当権設定	令和2年4月1日 第1001号	原因　令和2年4月1日金銭消費貸 　　借同日設定 債務者　B
2	抵当権設定	令和2年4月1日 第1002号	原因　令和2年4月1日金銭消費貸 　　借同日設定 債務者　B

①を被担保債権とする抵当権も②を被担保債権とする抵当権も全く同じ表示になってしまい区別がつかない

　このように，令和2年4月1日に要物契約により貸し渡された1000万円も，令和2年4月1日に諾成契約がなされ同年7月1日に貸し渡された1000万円も，別の被担保債権であるにもかかわらず登記記録上は全く同じ表示となってしまう。

　すなわち，登記記録だけでなく，契約書も見て要物契約か諾成契約かを確認しない限り，被担保債権を正確には特定できないという不都合が生じることとなる。

　土地の購入資金と，その土地上に新築する住宅の建築資金を金融機関が融資する際，土地購入資金だけをまず融資し，後日建物完成時に住宅建築資金を融資するというケースは実務上多々ある。民法改正後は，土地購入資金も住宅建築資金も同日に金銭消費貸借契約を締結し，融資実行日だけを別々とする（土地購入資金は要物契約とし，住宅建築資金を諾成契約とする）上記例のようなケースが増えることは十分に考えられる。要物契約と諾成契約のいずれであるかを登記事項として記載する旨の規定を新設するなど，不動産登記法の改正が待たれるところである。

　なお，諾成契約の書面を，抵当権設定登記の際の登記原因証明情報の一部と

して添付することは不要である。設定の行為自体に書面要件が課されているのではなく，被担保債権の発生原因として書面要件が課されているにすぎないからである[5]。

⑵　金銭交付済みか否かを登記記録から読み取ることの可否

　書面による諾成契約としての消費貸借契約であれば，金銭交付前であっても抵当権設定登記が可能となり，貸主（抵当権者）は対抗力を得られるため，今後，金融機関は諾成契約の段階で抵当権設定登記をする方向に動く可能性がある。

　書面による諾成契約の段階で抵当権が設定された場合，借主側は，新民法587条の2第2項により，金銭を受け取るまで（上記⑴の事例であれば，令和2年4月1日の契約時から同年7月1日の金銭受取り時までの間）は契約を解除でき，これにより解除を原因とする抵当権抹消登記が可能となる。

　旧民法上は，抵当権設定登記がされていれば，抵当権者は弁済請求権たる債権を有していると推察された（実体上は弁済済みで抵当権抹消登記がされていないだけの可能性もあるため，必ず債権を有しているとまではいえないが）。しかし，新民法施行後は，抵当権設定登記がされているからといって債権があるとはいえないどころか，金銭交付前であれば逆に「貸す債務」を負っている状態である可能性もある。デューデリジェンス等において調査対象会社が登記記録上抵当権者となっているときは，"金銭債権を有している可能性がある"という視点に加え"貸す債務を負っている可能性もある"という視点も併せ持った上で，契約書等の他の書類も念入りにチェックするべきであろう。

5　福永・前掲注4・29頁

6 | 不動産賃貸借

(1) 賃貸人を登記記録から読み取ることの可否

　新民法605条の2第2項前段により，不動産賃貸人が所有権を手放した場合であっても，賃貸人たる地位を自身のもとに留保することができるようになる。この留保には，譲渡人と譲受人との間の合意のみが要件とされており，登記は要件とされていない。

　従来の判例は，特段の事情のない限り売買契約によって賃貸人の地位が旧所有者（譲渡人）から新所有者（譲受人）に移転するとしていた[6]。すなわち，売買による所有権移転登記がされていれば，特段の事情のない限りは譲受人が賃貸人であると登記記録から読み取ることができた。しかし，新民法施行後は，以下のような不都合が生じる。

権利部　（甲区）（所有権に関する事項）			
順位番号	登記の目的	受付年月日・受付番号	権利者その他の事項
1	所有権移転	平成11年2月1日 第501号	原因　平成11年2月1日売買 所有者　X
2	所有権移転	令和2年5月1日 第1201号	原因　令和2年5月1日売買 所有者　Y

権利部　（乙区）（所有権以外の権利に関する事項）			
順位番号	登記の目的	受付年月日・受付番号	権利者その他の事項
1	賃借権設定	令和2年4月1日 第1003号	原因　令和元年4月1日設定 賃料　1月金10万円 支払時期　毎月末日 敷金　金20万円 賃借権者　Z

　上記登記記録を見ると，令和2年5月1日に，XからYへ上記不動産が譲渡（売買）されたことはわかる。しかし，賃貸人の地位が譲渡人Xと譲受人Yの

6　最判昭和46年4月23日民集25巻3号388頁

合意のみにより譲渡人Xに留保がされている可能性もあるため，賃借人Zや第三者にとっては，登記記録を見ただけでは賃貸人を判別できないようになる。

　賃貸人が誰であるかは，賃借人Zにとっては賃料の支払先が誰であるかを意味する。賃借人としては，賃借物件の譲渡が行われた場合は，賃貸人の地位が留保されているか否かを譲渡人・譲受人双方に確認することが肝要となる。

　不動産賃貸借については第10章も参照されたい。

(2)　敷金の意義の明文化による，登記事項の範囲の拡大

　新民法622条の2により，敷金の意義についての判例法理が明文化された。

　不動産登記法81条4号では，賃借権の登記の登記事項として「敷金があるときは，その旨」と規定されている。今般の改正により，「敷金」という名目でなくても，「賃料債務その他の賃貸借に基づいて生ずる賃借人の賃貸人に対する金銭の給付を目的とする債務を担保する目的で，賃借人が賃貸人に交付する金銭」（新民法622条の2）であれば，「敷金」として登記ができるようになる。

　賃貸人としては，「敷金」以外の名目を使うことで登記義務（および賃貸借終了後の返還義務）を回避することがもはや困難となる点に注意が必要である。また逆に賃借人から見れば，金銭の名目を問わなくなったことにより，「敷金」として公示できる範囲が広がり，賃貸借終了後に返還請求権を行使できる範囲も拡大したといえる。

7　債権者代位権の「転用型」による登記実務の明文化

　債権者代位権の規定は，登記実務においてはもっぱら「転用型」（＝金銭請求権等における債権者代位権の行使を，登記請求権に転用）として適用されてきた。例えば，不動産が実体上A→B→Cと転売されたが，登記名義は依然としてAのままであり，BがAに対する登記請求権を行使しようとしないとき，CはBに対する債権者（＝登記請求権者）であることを根拠に，CがBに代位して，Aに対する登記請求権を行使してA→Bの所有権移転登記を実現する場合が典型例である。

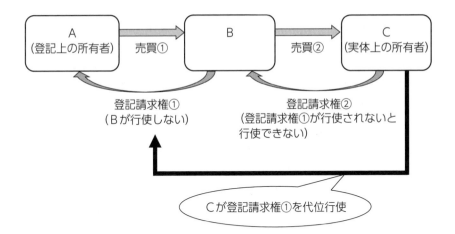

　金銭請求権等における債権者代位権の行使は，債務者の無資力が要件であるところ，上記転用型においては，この要件を満たしていなくとも，債権者による代位行使が判例法理により認められてきた[7]。

　新民法423条の7は，この判例法理を明文化したものである。既に実務上認められていた法理の明文化であり，改正後の実務に変更を及ぼすものではない。

7　大判明治43年7月6日民録16輯537頁

8 　債権譲渡

　債権譲渡の第三者対抗要件を具備する方式としては，確定日付ある債務者へ
の通知もしくは承諾（旧民法467条2項）と動産および債権の譲渡の対抗要件に
関する民法の特例等に関する法律に基づく債権譲渡登記が優劣なく併存してお
り，法制度としての錯綜感は否めない[8]。登記が即日公示される点や，登記の時
刻まで記録される点など，二重譲渡がされた場合の優劣を明確につけるという
観点からすると，債権譲渡登記の方が確定日付ある通知よりも対抗要件として
優れていると考えられる。そのため，審議段階では，登記一元化や登記優先化
といった登記を基本とする案が提示されたが，合意形成には至らず，民法改正
前からの方式が維持された[9]。新民法467条は，将来債権も含むという判例法理
を明文化した新民法466条の6に連動してその旨が明記されたにとどまり，改
正法施行後の実務に変更を及ぼすものではない。
　なお，債権譲渡については第4章も参照されたい。

9 　第三者のためにする契約・契約上の地位の移転

　通達（平成19年1月12日法務省民二52号民事第二課長通知）により従来認めら
れてきた「第三者のためにする契約」および「契約上の地位の移転」による不
動産売買の各手法（右図参照）が，新民法537条2項および539条の2の新設に
より明文上も認められることとなった。これにより，本手法を用いた不動産売
買が今後ますます増える可能性がある。

8　鈴木龍介「特集　民法改正－改正のポイントと実務への影響　債権譲渡」月報司法書
　士 553号10頁
9　鈴木・前掲注8・10頁

【第三者のためにする契約】

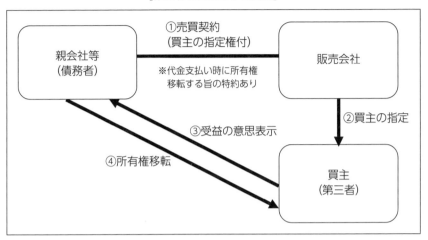

【契約上の地位の移転】

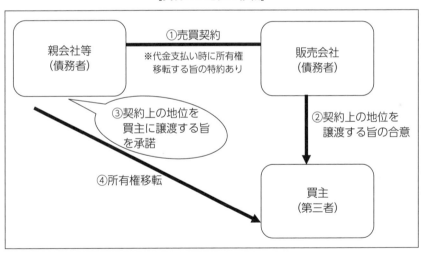

【参考文献】

・潮見佳男『民法（債権関係）の改正に関する要綱仮案の概要』（金融財政事情研究
　会，2014年）

・日本弁護士連合会編『実務解説　改正債権法』（弘文堂，2017年）

・潮見佳男・北居功・髙須順一・赫高規・中込一洋・松岡久和『Before/After民法改
　正』（弘文堂・2017年）

・契約法研究会編『現代契約書式要覧』（新日本法規出版，1972年）

・遠藤元一編著『債権法改正　契約条項見直しの着眼点』（中央経済社，2018年）

・我妻榮『民法講義Ｖ２債権各論中巻１』（岩波書店，1968年）

・佐久間毅『民法の基礎１総則（第４版）』（有斐閣，2018年）

・潮見佳男『民法（債権関係）改正法の概要』（金融財政事情研究会，2017年）

・松尾博憲編著『Ｑ＆Ａ民法改正の要点』（日本経済新聞出版社，2017年）

・筒井健夫・村松秀樹編著『一問一答　民法（債権関係）改正』（商事法務・2018年）

索　引

[編著者]

株式会社ワールド・ヒューマン・リソーシス
(THE WORLD HUMAN RESOURCES CO.,LTD.)

　株式会社ワールド・ヒューマン・リソーシス（WHR）は，専門性の高いプロフェッショナルを組織化し，企業の幅広いニーズに応えるシンクタンクである。WHRは，高度な知識と資格を有する専門家に加え，あらゆる分野での豊富な実務キャリアのあるエキスパートがプロジェクトベースでコンサルティング・アドバイスなどを行っている。WHRのコンサルティングは，企業経営の観点から採るべき「最適な解（ベストプラクティス）」を提案することにある。

平本　正則
　株式会社ワールド・ヒューマン・リソーシス取締役副社長・法務本部長　主席研究員

住吉　健一
　弁護士　近畿大学法科大学院非常勤講師　株式会社ワールド・ヒューマン・リソーシス　主席研究員

[執筆者一覧]（50音順）

浅田健一郎　弁護士　折田総合法律事務所

伊奈　達也　弁護士　明治大学法科大学院教育補助講師　弁護士法人ながの法律事務所

金子　彰良　司法書士　リンク司法書士事務所

岸野　祐樹　弁護士　外国法事務弁護士（台湾）　事業再生士

齋藤　伸一　弁護士　畑法律事務所

妹尾　　悟　弁護士　香川大学非常勤講師　近畿大学非常勤講師

高野　哲好　弁護士　たかの県庁前法律事務所代表

辻上　佳輝　香川大学法学部准教授

中村　和也　弁護士　折田総合法律事務所

西野　秀明　司法書士　司法書士まめの木事務所

林　　光男　株式会社ワールド・ヒューマン・リソーシス　法務部担当部長　主席研究員

原田　茂喜　弁護士　南浦和はらだ法律事務所

丸山　博久　弁護士　まるやま法律事務所

三輪　貴幸　弁護士　さいたま市行政不服審査専門員

吉住　豪起　弁護士　折田総合法律事務所

債権法改正　企業対応の総点検

2020年4月10日　第1版第1刷発行

編著者	株式会社ワールド・ヒューマン・リソーシス
	平　本　正　則
	住　吉　健　一
発行者	山　本　　　継
発行所	㈱中　央　経　済　社
発売元	㈱中央経済グループ パ ブ リ ッ シ ン グ

〒101-0051　東京都千代田区神田神保町1-31-2
電話　03 (3293) 3371(編集代表)
　　　03 (3293) 3381(営業代表)
http://www.chuokeizai.co.jp/
印刷／三 英 印 刷 ㈱
製本／㈲井 上 製 本 所

© 2020
Printed in Japan

＊頁の「欠落」や「順序違い」などがありましたらお取り替えいた
しますので発売元までご送付ください。(送料小社負担)
ISBN978-4-502-34441-1　C3032